DE

L'ANNEXION DE LA SAVOIE

ET DE NICE

A LA FRANCE

PAR

Ch. BRUNET

DOCTEUR EN DROIT
Avocat au tribunal de St-Jean-de-Maurienne.

PARIS
A. GIARD, LIBRAIRE-ÉDITEUR
16, Rue Soufflot, 16
—
1890

CONSÉQUENCES JURIDIQUES

DE

L'ANNEXION DE LA SAVOIE & DE NICE

A LA FRANCE

CONSÉQUENCES JURIDIQUES

DE

L'ANNEXION DE LA SAVOIE

ET DE NICE

A LA FRANCE

PAR

Ch. BRUNET

DOCTEUR EN DROIT
Avocat au tribunal de St-Jean-de-Maurienne.

PARIS
A. GIARD, LIBRAIRE-ÉDITEUR
16, Rue Soufflot, 16
1890

CONSÉQUENCES JURIDIQUES

DE L'ANNEXION DE LA SAVOIE ET DE NICE A LA FRANCE

PRÉLIMINAIRES.

Quelles sont les causes qui peuvent légitimer une annexion de territoire?

Il est difficile de répondre d'une manière précise à cette question fondamentale; elle revient à cette autre beaucoup plus générale : quels sont les éléments qui doivent présider au groupement des individus, à la formation d'une société organisée, d'un corps politique sous le nom d'État?

La conquête, le droit du plus fort, ont joué dans le passé, et jouent encore bien souvent le principal rôle ; sous ce régime les peuples soumis au même souverain forment un État.

On trouve groupées sous le même pouvoir les nations les plus hétérogènes ; l'Autriche-Hongrie en est encore aujourd'hui le plus frappant exemple.

De nos jours est apparue la théorie des nationalités
la nation doit former un État ; ses éléments sont : l
communauté d'origine, de mœurs, d'histoire, de langue
de religion, la conscience qu'a le peuple de sa nationa
lité. Cette théorie, enseignée avec éclat par Mancini,
présidé à la formation de l'État italien ; c'est elle encor
qui guide les pangermanistes et les panslavistes.

La conquête est aujourd'hui condamnée par les publi
cistes ; mais elle est loin d'avoir disparu en fait ; et cer
tains hommes d'état. pour légitimer leurs entreprises
cherchent encore à l'élever à la hauteur d'un droit. Il n'
a qu'un cas où la conquête peut se justifier : celui où
s'agirait de recouvrer un territoire injustement ravi pa
la force. Encore faudrait-il que la province conquise n'eû
pas adopté les mœurs, les lois de l'État conquéran
qu'elle ne se fût pas assimilée à lui.

La théorie des nationalités ne suffit pas à elle seule pou
justifier l'annexion. Assurément, les peuples entourés d
frontières naturelles, de même race, parlant la mêm
langue, ayant les mêmes idées religieuses et sociale
sont bien faits pour s'entendre ; mais il ne faut rien exa
gérer. On ne peut trouver pour chaque État des fronti
res naturelles. Des peuples de races très-différentes arr
vent à constituer, avec le temps, des nations très-homo
gènes, comme la France. En revanche, des peuples d
même race ne peuvent vivre sous le même régime, parc
que d'autres causes les divisent ; tels sont les Polona
et les Russes ; les Serbes et les Bulgares. La langue e
un puissant élément d'unité, surtout avec le régime de
assemblées ; nous voyons cependant des peuples ayan

conscience de leur nationalité et parlant des langues différentes ; exemple : la Suisse.

Nous ne parlerons pas de la religion, parce que si certains peuples considèrent la religion nationale comme un lien puissant entre les citoyens, d'autres très-homogènes, pratiquent des religions communes à plusieurs peuples, comme le christianisme en général, et le catholicisme en particulier.

Nous ne nierons pas cependant la très grande force des éléments réunis du principe des nationalités ; mais vouloir les mettre en pratique par la voie de la conquête est un procédé blâmable ; il faut qu'une annexion conforme à ce principe soit faite par voie de cession amiable, avec le consentement des populations intéressées.

M. Selosse, professeur à Lille, dans son remarquable traité de l'Annexion, fait consister l'unité nationale, et par suite la légitimité de l'annexion « dans la communauté des intérêts à défendre et du but à atteindre. » Cette formule nous paraît un peu vague et incomplète. D'abord il serait bien rare que deux pays ayant les mêmes mœurs, la même langue, la même situation géographique, réunissant en un mot les éléments du principe des nationalités, n'eussent pas les mêmes intérêts à défendre. Ils voudraient certainement poursuivre, atteindre le même but, auraient les mêmes aspirations.

Dans la plupart des cas, la formule de M. Selosse serait comprise dans le principe des nationalités, principe qu'il n'admet pas.

De plus, je trouve cette formule incomplète, en ce qu'elle semble ne pas exclure le droit de conquête, formellement du moins, bien que l'auteur ait énergiquement flétri la conquête: enfin il n'y est tenu aucun compte du vote des populations intéressées et du consentement de l'État demembré.

Comment dès lors, se fera l'annexion? Sera-ce un État conquérant qui se fera juge des intérêts et des aspirations des provinces qu'il veut s'annexer? Pour nous, les meilleurs juges en cette matière, seront les populations intéressées; l'État démembré ne doit pas subir non plus une mutilation injuste; il est à même de connaître mieux que personne les besoins de populations qu'il a administrées pendant de longues années, des siècles peut-être! Nous pensons que l'accord mutuel de l'État annexant, de l'État demembré et des intéressés, devra toujours présider à toute annexion.

On nous objecte d'une part, que les vivants ne peuvent décider de la nationalité des générations à venir, de l'autre, que si on permettait à chaque génération d'opérer des changements de nationalité, il en résulterait une cause de ruine pour les États. Nous répondons que les intérêts et les aspirations d'un peuple ne sont pas aussi changeants qu'on veut bien le dire ; quand une fois on leur a donné satisfaction, ils ne font que s'identifier de plus en plus avec ceux de la nation à laquelle les générations passées ont voulu librement s'unir. Nous ne faisons nulle difficulté de reconnaître que le vote populaire, le plébiscite intervient souvent après le fait accompli, et qu'il n'a pas lieu toujours dans les conditions désirables de sincérité; mais nous ne prétendons pas non plus que le plébiscite suffise à lui seul pour justifier l'annexion. Il n'est qu'un des éléments qui servent à la légitimer. Nous arrivons ainsi à une formule un peu complexe qui répond à notre première question: L'annexion est légitime quand les populations des pays annexés sont de même nationalité, ont les mêmes intérêts et les mêmes aspirations que celles de l'État annexant, et lorsque cette annexion se fait par voie de cession amiable, sanctionnée par le vote des populations intéressées.

Ces principes établis, nous devons en faire l'applica- à l'annexion de la Savoie.

L'art. 1er du traité du 24 mars 1860 est ainsi conçu : « S. M. le roi de Sardaigne consent à la réunion de la Savoie et de Nice à la France, et renonce, pour lui et tous ses descendants et successeurs, en faveur de S. M. l'empereur des Français, à ses droits et titres sur les dits territoires. Il sera entendu entre Leurs Majestés que cette réunion sera effectuée sans nulle contrainte de la volonté des populations, et que les gouvernements de l'empereur des Français et du roi de Sardaigne se concerteront, le plus tôt possible, sur les meilleurs moyens d'apprécier et de constater les manifestations de cette volonté. »

Nous trouvons dans cet article la cession amiable, le consentement des intéressés.

Dans sa proclamation d'adieu du 2 avril 1860, Victor-Emmanuel annonçait aux habitants de la Savoie et de Nice que, quelque pénible qu'il lui fût de se séparer des provinces auxquelles tant de souvenirs le rattachaient, les changements territoriaux amenés par la guerre, en justifiaient la cession à la France. « Je ne pouvais pas méconnaître, d'ailleurs, ajoutait-il, que le développement

du commerce, la rapidité et la facilité des communica
tions augmentent chaque jour davantage l'importance et
le nombre des rapports de la Savoie et de Nice avec la
France. Je n'ai pu oublier enfin que de grandes affinités
de race, de langage et de mœurs rendent ces rapports
de plus en plus intimes et naturels. »

Il aurait pu ajouter que la chaîne géante des Alpes formait la frontière la plus naturelle qui puisse exister entre
deux peuples.

Napoléon III avait dit quelque temps auparavant :
« Ce n'est ni par la conquête ni par l'insurrection que la
Savoie et Nice seront réunies à la France, mais par le
libre consentement du souverain légitime, appuyé de
l'adhésion populaire. Je tiendrai à honneur de réaliser
toutes vos espérances, et l'annexion d'un pays que tant
de liens rattachent à la France deviendra pour lui une
nouvelle cause de prospérité et de progrès. Il y a parmi
vous tant de descendants de ces familles qui ont contri-
bué à l'illustration de la France, dans la carrière des
sciences comme dans celle des armes, que tout concourt
à expliquer et à justifier l'annexion. »

Et M. Thouvenel, ministre des affaires étrangères,
dans son rapport à l'empereur au sujet du traité du
24 mars 1860, achève la justification en ces termes : « Le
Parlement sarde vient de sanctionner par un vote solennel la cession opérée d'abord par le souverain, et ratifiée
ensuite par le vœu des populations.... Jamais la légitimité d'une transaction internationale ne fut plus solide-
ment établie ».

Il est vrai que quelques lignes plus bas, le ministre

parle « de prévoyance, de garantie », allusion sans doute aux besoins de la défense, à des motifs stratégiques, au principe de l'équilibre des nations, qui était l'évangile de l'Europe depuis le traité de Westphalie, et qui dans l'espèce aurait pu subir une atteinte par suite de la constitution du royaume d'Italie, voisin puissant, qui aurait été maître des passages des Alpes.

Assurément, ces derniers motifs, s'ils étaient les seuls, ne suffiraient pas à légitimer une annexion. Ils ont été invoqués pour accomplir le démembrement le plus odieux des temps modernes : l'annexion de l'Alsace-Lorraine à l'Allemagne. Mais lorsque l'ensemble régulier et successif des conditions de légitimité existe d'ailleurs, l'idée d'équilibre, de défense, de garantie, peut être prise en sérieuse considération.

Ainsi donc, la race, la langue, les mœurs, les intérêts, les aspirations, la situation géographique ; le principe des nationalités, le principe de l'équilibre et des besoins de la défense, tout a concouru à cette réunion inévitable de la Savoie à la France, suite naturelle de cette série d'annexions qui ont constitué le territoire français et la nation française.

Elle arrivait la septième après la Bresse, le Dauphiné, le Lyonnais, et les autres provinces de l'ancien royaume de Bourgogne, non point conquise comme autrefois, mais de plein accord entre le prince et le peuple, apportant pour frontière le géant des Alpes (1).

Depuis Clovis, les Francs ont toujours eu l'œil sur les

1. Abbé Ducis : *Occupations, Neutralité militaire de la Savoie*, chez Dumaine, Paris.

provinces burgondes. A maintes reprises, il fut question
d'échanger la Savoie contre le Milanais, notamment en
1447 sous Charles VII, sous Louis XV en 1723. Conquise
par Montesquiou en 1792, la Savoie fut cédée à la France
par le traité du 15 mai 1796 ; après les cent jours elle fit
retour au roi de Sardaigne. En 1859 l'empereur d'Autriche, qui ne voulait pas avoir affaire aux Italiens, céda
la Lombardie à la France, comme il fit six ans plus tard
pour la Vénétie. Napoléon III remit la Lombardie au roi
de Sardaigne, et réclama les versants français des
Alpes.

Ainsi eut lieu, quoique d'une manière indirecte,
l'échange tant de fois projeté de la Savoie et du Milanais.
« L'annexion, ou la restitution de la Savoie et de Nice, est
le plus grand changement qu'aient subi depuis un demi-
siècle les frontières de France..... Cette annexion n'a pas
seulement rendu à la France des territoires peuplés de
700.000 habit., des populations bonnes et dévouées, aussi
françaises par le cœur que par la géographie, mais elle
nous a donné des positions militaires de premier ordre,
de nouvelles sûretés contre nos ennemis. » (1) Si le changement n'a pas eu lieu plus tôt, cela tient, suivant le général Borson (1), à ce que le territoire de la Savoie formait un
tout géographique, fermé par une ceinture de montagnes
et qui n'était accessible du côté de la France que par les
ponts peu nombreux jetés sur le Rhône... « La Savoie

1. M. de Lavallée, *Etudes sur les frontières de la France* (ouvrage
paru av. 70).

2. *Etude sur la frontière du Sud-Est*. Paris, Dumaine.

dit à son tour Elisée Reclus, défendue et garantie comme la Suisse, par une chaîne transversale de montagnes, a su, tout en subissant l'influence française, garder son autonomie jusqu'à la révolution.

Peut-être si les ducs de Savoie n'avaient pas abandonné leur citadelle de montagnes, seraient-ils restés les représentants de l'ancienne nationalité allobrogique, et auraient-ils réussi à fonder un royaume des Alpes ; mais attirés par les magnifiques plaines du Piémont, ils choisirent pour capitale de leurs États une ville séparée de leur domaine héréditaire par la gigantesque muraille des Alpes. La Savoie devait dès lors, par les lois ethnologiques et géographiques, devenir tôt ou tard une province française ».

Cette longue indépendance a tenu, suivant nous, à la situation spéciale des ducs de Savoie, qui n'ont jamais été sous la suzeraineté de la France, comme les ducs de Bourgogne, les comtes de Provence et du Dauphiné. Comme ses représentants actuels, la maison de Savoie s'était mise sous la protection des empereurs d'Allemagne, pour maintenir son indépendance contre les rois de France, et avait obtenu le « Vicariat perpétuel du St-Empire », c'est-à-dire une vice-royauté au nom de l'empereur, et elle exerça le métier de « portière des Alpes » suivant l'expression de Voltaire. Elle eut d'abord la prétention de se créer un royaume en deçà des Alpes, de reconstituer le royaume de Bourgogne avec la ligne frontière du Rhône et de la Saône. Mais après la perte de la Bresse, du Bugey, du Valromey, de Genève, du pays de Vaud, elle comprit qu'il n'y avait rien à espérer du côté de la France, et dès le XVIe s., concentra ses aspirations vers l'Italie.

A cette époque, les princes transportèrent leur capitale à Turin ; ils devinrent italiens de mœurs et de politique. Toutes sortes de froissements grossirent la barrière des Alpes entre deux populations de langue, de mœurs, de tendances, d'intérêts opposés, d'origine différente. Les italiens qui ont été les premiers à proclamer le principe des nationalités, qui l'invoquent encore pour réclamer leurs frères « *irredenti* » de Trente et de Trieste, seraient tout au moins mal venus à prétendre imposer leur domination aux Français de Savoie.

L'annexion s'étant faite dans de telles conditions, ses conséquences juridiques où nous arrivons maintenant, et qui font l'objet de cette étude, ne paraissent pas devoir être très-nombreuses et offrir beaucoup de difficultés. Au premier abord l'assimilation des populations annexées semble devoir être complète. Mais il ne faut pas oublier que nous sommes ici en matière de droit international conventionnel et que par suite l'État annexant ne peut pas régler la condition du pays annexé uniquement par sa propre législation, mais qu'il doit tenir compte des stipulations des traités.

En outre, quand même les traités seraient muets, ne feraient aucune réserve, ne garantiraient aucun privilège aux pays annexés, le fait du changement de souveraineté, la substitution des lois françaises aux anciennes lois du pays, n'en créeront pas moins dans les diverses branches du droit public et privé, des situations juridiques exceptionnelles, le plus souvent temporaires, quelquefois indéfinies, mais que l'État annexant doit respecter toutes les fois qu'il se trouve en présence d'un fait accompli, d'un droit acquis.

Toutefois, ce respect des droits acquis sous l'empire de l'ancienne législation ne doit pas aller jusqu'à permettre l'application de lois étrangères qui seraient contraires aux lois françaises d'un ordre public absolument général. Nos lois, et en particulier le Code civil, sont muettes sur les conséquences juridiques de l'annexion. On doit appliquer d'abord le droit résultant des conventions diplomatiques et quand elles n'ont pas prévu le cas, il faut encore prendre pour guide les principes du droit des gens, plutôt que d'appliquer par analogie les dispositions de nos lois. Telle est l'opinion de M. Selosse : « L'auteur» dit-il, « n'a pas cru que les règles du Code civil fussent de plein droit applicables dans une matière qui avant tout relève du droit international, et qui par conséquent doit être régie par des principes susceptibles d'être admis aussi bien par l'État démembré que par l'État annexant. »

Avec le temps, la plupart des conflits, des situations exceptionnelles, disparaissent avec les individus qui avaient des droits acquis au moment du changement de nationalité.

Mais les conventions formées sous la loi ancienne feront toujours la loi des parties. Il faudra encore se reporter à la loi ancienne quand il s'agira d'examiner la validité des titres rédigés sous son empire.

D'autre part, les droits des personnes morales ont comme elles une existence indéfinie ; et quant ces droits sont garantis par des traités, y porter atteinte serait non seulement une injustice, mais un acte de violence vis à vis de l'État garant.

Au point de vue du droit purement international plusieurs questions concernant le territoire et stipulées dans les traités ne nous paraissent pas en dehors de notre sujet ; elles revêtent un caractère juridique lorsqu'on les considère dans leurs rapports avec le droit international de l'Europe. En ce qui concerne le droit public interne, le droit privé, l'exécution des jugements, le changement de nationalité, etc., nous aurons à nous reporter à la fois aux traités et aux diverses lois et décrets rendus pour leur exécution.

Le cadre restreint de cette étude ne nous permettra pas d'aborder toutes les questions si nombreuses que soulève notre sujet ; et même pour celles que nous étudierons, nous serons obligés de nous borner à énoncer les principes généraux, à donner les solutions principales, qui, peut-être, pourront aider à résoudre les nombreuses difficultés de droit privé qui se présentent encore tous les jours dans les pays annexés.

PREMIÈRE PARTIE

DROIT PUBLIC

TITRE PREMIER

Droit public international concernant le territoire.

SECTION I

Prétendue neutralité de la Haute-Savoie. (Interprétation
de l'article 2 du traité du 24 mars 1860).

Après la révolte de Genève en 1535, et la perte de la
Bresse et du Bugey en 1601, la maison de Savoie tenait
encore à conserver la Savoie actuelle comme clef des
Alpes.

« Mais défendre les Alpes en même temps sur les versants français et italien était une charge bien lourde ; et
le désir de s'assurer de l'un des deux par voie de neutralisation était aussi naturel que politique » (1).

La France, notamment au traité d'Utrecht, s'est tou-

1. M. Chaumontel, sénateur : Note sur la neutralité, 1860.

jours opposée à cette neutralisation qui était surtou
dirigée contre elle.

En novembre 1814, au congrès de Vienne, il fut ques
tion de l'abandon au canton de Genève par le roi de Sar
daigne d'un territoire comprenant douze communes.

Dans une communication faite aux puissances le 2(
mars 1815, Victor-Emmanuel Ier ne consentait à cette
cession qu'à la condition « que les provinces du Chablai
et du Faucigny, ainsi que tout le territoire situé au nord
d'Ugines, et appartenant à sa Majesté, fussent compris
dans la neutralité helvétique garantie par les puissances
c'est-à-dire, que toutes les fois que les puissances voisines de la Suisse se trouveront en état d'hostilités ou
commencées ou imminentes, les troupes de S. M. le roi
de Sardaigne qui se trouveraient dans ces provinces puissent se retirer et prendre la route du Valais ; que les
troupes d'armées d'aucune puissance ne pourront ni sé-
journer, ni passer dans les provinces ci-dessus, à l'exception de celles que la confédération helvétique jugerait à
propos d'y placer. Il est entendu que ces rapports ne
gêneront en aucune manière l'administration de ces provinces, dans lesquelles les officiers civils de Sa Majesté
pourront employer la garde municipale au maintien du
bon ordre. »

Le 29 mars 1815, à Vienne, le marquis de St-Marsan,
représentant le roi de Sardaigne signa un acte par lequel
remise fut faite aux puissances alliées, au profit de la
Suisse, des communes dont nous avons parlé.

Le 20 mai, un traité fut signé par les plénipotentiaires
d'Autriche, d'Angleterre, de Russie, de Prusse, de France

et de Sardaigne, dont l'article 8 déclare que « les provinces du Chablais et du Faucigny et tout le territoire de
Savoie au nord d'Ugines, appartenant à S. M. le roi de
Sardaigne, feront partie de la neutralité de la Suisse,
telle qu'elle est reconnue et garantie par les puissances. »
La déclaration du 26 mars est reproduite en entier dans
les mêmes termes.

Le 9 juin 1815 l'acte final du congrès de Vienne ratifie
tous les traités antérieurs et répète l'acte du 29 mars.

Le protocole de Paris du 3 novembre 1815 arrêta la
restitution au roi de Sardaigne, du tiers environ de la
Savoie, que le traité de Paris du 30 mai 1814 avait laissé
à la France sous le nom de département du Mont-Blanc,
et comprenant Chambéry, Annecy, Rumilly. Et alors l'article 3 du traité déclara que « la neutralité de la Suisse
serait étendue au territoire qui se trouve d'une ligne à
tirer depuis Ugines, y compris cette ville, au midi du lac
d'Annecy, par Faverges jusqu'à Lescheraines, et de là,
au lac du Bourget jusqu'au Rhône, de la même manière
qu'elle a été étendue aux provinces du Chablais et du
Faucigny par l'article 92 de l'acte final du congrès de
Vienne. »

Le 15 décembre, à Chambéry, le général autrichien
Stéfanini, au nom des puissances alliées, remit le département du Mont-Blanc au roi de Sardaigne, qui dans l'article 1er de l'acceptation déclare qu'il « accède à l'extension restreinte de la neutralité, telle qu'elle est formulée
plus haut, bien qu'il l'eût demandée pour toute la Savoie. »

Ainsi ce que le roi de Sardaigne fut obligé de subir,

ce n'est pas la neutralité, mais tout au contraire la *restriction* de cette neutralité, qu'il aurait voulu voir étendue à toute la Savoie. C'était évidemment une mesure préventive dirigée contre la France.

Pendant quarante-quatre ans, de 1815 à 1859, on n'eut jamais occasion d'appliquer les stipulations de neutralité de la Haute-Savoie. En 1859, on en tint fort peu compte ; les troupes françaises et le matériel traversèrent impunément le territoire neutralisé, par la voie ferrée, de Culoz au torrent de Sierroz, près d'Aix-les-Bains.

Nous arrivons ainsi au traité du 24 mars 1860, dont l'article 2 est ainsi formulé : « Il est également entendu que S. M. le roi de Sardaigne ne peut transférer les parties neutralisées de la Savoie qu'aux conditions auxquelles il les possède lui-même, et qu'il appartiendra à S. M. l'empereur des Français de s'entendre à ce sujet tant avec les puissances représentées au Congrès de Vienne qu'avec la Confédération helvétique, et de leur donner les garanties qui résultent des stipulations rappelées au présent article. »

Quelles sont les conséquences de cet article ? Les opinions sont divisées. A le prendre à la lettre, il semble bien qu'il ne soit que la confirmation du passé. Mais si on examine avec attention les précédents, si on se demande comment, pour qui, contre qui avait été stipulée la neutralité, on est forcé de reconnaitre que ses raisons d'être n'existent plus. Évidemment le roi de Sardaigne ne pouvait céder la Savoie que dans les conditions auxquelles il la possédait lui-même. Il ne pouvait modifier à lui seul le traité du 20 novembre 1815. Mais dans l'intérêt de qui cette neutralisation avait-elle été faite ? Le roi de Sardaigne l'avait demandée avec instance au Congrès, on ne la lui a pas imposée, il la voulait pour la Savoie tout entière. Ses prétentions furent toujours combattues par M. de Talleyrand au nom de la France ; et on arriva à une transaction, à la neutralité restreinte ; c'est cette restriction que la Sardaigne dut subir avec regret. L'état exceptionnel de la neutralité de la Savoie était une sauvegarde pour la maison de Savoie à Turin contre les tendances de la France et de la Suisse. Elle n'avait tenu qu'au déplacement des princes au delà des Alpes, où étaient leurs moyens d'action, et d'où ils pouvaient défendre la Savoie.

Le roi de Sardaigne avait obtenu la faculté, en cas d'hostilités ouvertes ou imminentes, de faire passer ses troupes de Savoie sur le territoire neutre de la Suisse, afin qu'elles pussent regagner le Piémont par le Valais ; c'était bien indiquer que le danger venait de la France. Et une fois la France en possession de la Savoie, ces dispositions n'ont plus de sens ; la France aurait sur son propre territoire un privilège que lui aurait cédé la Sardaigne, et qui serait dirigé contre elle-même ; ce serait absurde (1). Elle n'en a besoin contre personne pour défendre et fortifier sa frontière.

Qui pourrait se prévaloir de ce privilège? (Car, encore une fois, ce n'est pas une situation imposée, mais sollicitée). Ce n'est pas l'Italie ; elle a cédé son droit. — Se-

_____

1. *Journal de Genève*, mai 1860. Lord John Roussel, à la Chambre des communes, 29 juin 1860.

rait-ce la Suisse? Le rôle qui lui était assigné par l'art. 8
du traité du 29 mars 1815 a été clairement résumé par
M. Thouvenel dans sa dépêche du 17 mars 1861 au représentant français à Berne : « Cet arrangement avait
pour but de couvrir une portion de la Savoie, et la
Suisse, par son acquiescement, s'obligeait à en assurer
l'exécution, en s'engageant d'une part, à livrer passage
aux forces sardes pour rentrer en Piémont, et de l'autre
à placer, au besoin, des troupes fédérales dans le pays
neutralisé...

L'engagement accepté par la Confédération était le prix
d'une cession de territoire faite au canton de Genève,
comme la neutralisation éventuelle du Chablais et du Faucigny, était une garantie stipulée au profit de la Sardaigne
et la compensation d'un sacrifice. Cette neutralisation
n'avait donc pas été principalement combinée en vue de
protéger la frontière suisse, que sauvegarderait suffisamment une barrière infranchissable, c'est-à-dire la
neutralité proclamée par l'accord des puissances ; elle a
été, au contraire, imposée comme une charge à la Suisse
qui l'a acceptée à titre onéreux. »

Dans un traité de délimitation signé à Turin le 16 mars
1816, la Suisse reconnaissait et acceptait sans distinction ni réserve la neutralité de quelques parties de la Savoie « *de même que si elles lui appartenaient.* » Ces derniers
mots ne pouvaient donner à la Suisse aucun droit politique ou d'immixtion sur les affaires de la Savoie durant
la paix.

Les termes du traité de Vienne étaient formels. Cependant la Suisse alla jusqu'à prétendre vouloir s'an-

nexer le versant méridional du Léman, le Chablais et le
Faucigny, sous prétexte que l'acte final du congrès de
Vienne avait neutralisé ces provinces au même titre
qu'elle, et qu'il fallait le consentement de la diète fédérale pour changer l'état politique de ces provinces. On fut
sur le point d'accéder à ces étranges prétentions. Mais
en face du démembrement, des protestations indignées
s'élevèrent dans toute la Savoie. Alors l'empereur déclara « que devant la répulsion de voir démembrer un
pays qui a su se créer à travers les siècles une individualité glorieuse, et se donner ainsi une histoire nationale,
il ne contraindrait pas au profit d'autrui le vœu des populations. »

La France soumit néanmoins la question aux puissances représentées au congrès de Vienne. Les puissances se
montrèrent peu disposées à intervenir, demeurèrent in-
différentes. Elles considéraient cette neutralité comme
surannée, sinon disparue.

La Suisse ne se tint pas pour battue. En 1883, au mois
de novembre, des troupes françaises furent concentrées
dans la zone prétendue neutralisée de la Savoie sur les
confins du canton de Genève. En même temps on répan-
dait le bruit que le gouvernement français faisait fortifier le Mont Vuache situé à 26 kilomètres au sud-ouest de
Genève.

La presse s'empara de la question, le journal le *Temps*
entre autres, considéré alors comme un organe officieux
du ministère Ferry, démontra que la France avait le droit
de fortifier cette zone. La Suisse s'émut ; le 16 novembre
le Conseil fédéral adressa à son ministre à Paris une dé-

pêche dont copie devait être remise au ministre des affaires étrangères de France, et dans laquelle après avoir rappelé les textes des traités, il prétend que « la France est tenue comme l'était le roi de Sardaigne, de se conformer à l'art. précité du traité de 1815 ; que le Gouvernement français a déclaré solennellement, peu après la cession de la Savoie, qu'il acceptait la complète exécution de cette disposition. » Nous ne voyons pas que la dépêche de M. Thouvenel du 17 mars 1861, qui contenait les explications de la France, soit une déclaration solennelle dans le sens du Gouvernement fédéral. Notre ministre dit au contraire que la neutralisation avait été imposée à la Suisse comme une charge, et au profit de la Sardaigne, qui en compensation avait cédé le territoire de douze communes au canton de Genève.

Aujourd'hui la France ne demande plus comme la Sardaigne à être protégée par la Suisse ; si elle consent à laisser au canton de Genève le territoire qui était le prix de cette protection, la Suisse n'a pas à s'en plaindre, et le Gouvernement fédéral serait mal venu à réclamer de la France l'exécution d'une obligation dont lui seul est précisément tenu vis-à-vis de notre pays, mais dont on le dispense volontiers sans compensation.

Néanmoins notre ministre des affaires étrangères en 1883, M. Jules Ferry, crut devoir faire des déclarations satisfaisantes au ministre de Suisse ; et le Gouvernement fédéral crut opportun d'insister pour obtenir une réponse écrite. Le Gouvernement français ne s'y refusa point, et le 17 décembre, M. Arago remit au président de la Confédération la copie d'une dépêche de M. Jules Ferry, contenant les fâcheuses déclarations suivantes : « Nous ne voyons aucune difficulté à faire connaître qu'il n'existe pas dans nos intentions d'établir un ouvrage de fortification au mont Vuache, et que dans les études pour la mobilisation, l'état-major français s'est attaché à respecter complètement le territoire neutralisé. » La Suisse est entièrement satisfaite ; dans le rapport présenté à l'Assemblée fédérale par le Conseil fédéral sur sa gestion en 1883, ce dernier constate même que la réponse est allée au-delà de sa demande ; il retient l'assurance que l'état-major français s'est attaché à respecter complètement le territoire neutralisé, comme une phrase de la plus haute importance, comme une reconnaissance de la forme obligatoire des traités de 1815. (1)

Nous ne revenons pas sur notre démonstration ; remarquons seulement un point très-important : l'art. 90 de l'acte final du Congrès de Vienne : « La faculté de fortifier tel point de ses États qu'il jugera convenable est réservée *sans restriction* à S. M. le roi de Sardaigne. » A quoi servirait la faculté de construire des travaux de défense, si on ne pouvait s'en servir en temps de guerre ?

Nous concluons avec l'auteur de la *Neutralité militaire de la Haute-Savoie* : « que le passage de la Savoie à la France a exonéré la Suisse à l'égard de la Sardaigne de l'obligation de veiller à la neutralité des provinces du nord, et c'est tout. La France ne lui a pas demandé la rétrocession des communes qui ont formé la rémunération d'une charge dont elle est libérée gratuitement. »

1. *Archives diplomatiques*, 1884, 2, 321.

Il serait bon cependant de faire disparaître cette vaine formule de l'art. 2 du traité de 1860, de crainte qu'on ne puisse se prévaloir de sa non-exécution, s'en faire un prétexte pour violer des pays neutres nos voisins.

SECTION II

Frontière du Mont-Cenis et du Petit-Saint-Bernard (art. 3 du traité).

Quand deux pays ont pour frontière une chaîne de montagnes, on adopte généralement comme limite l'arête de la chaîne formant la ligne de partage des eaux. On l'admet dans le doute, dit M. Bluntschli, dans son célèbre ouvrage : *Le droit international codifié*. Mais avant tout, il faut tenir compte des souvenirs historiques, des intérêts agricoles engagés dans l'exploitation des châlets des hauts plateaux situés sur la frontière.

L'art. 3 du traité de 1860 dispose qu'une commission mixte déterminera, dans un esprit d'équité, les frontières des deux Etats, en tenant compte de la configuration des montagnes et de la nécessité de la défense. Le protocole du 27 juin 1860, ratifié par la convention du 7 mai 1861, précise davantage les principes : « La limite entre les deux Etats suivra la limite actuelle entre le duché de Savoie et le Piémont. Il est entendu que la fixation de la limite ne portera aucune atteinte aux droits de propriété et d'usage, non plus qu'aux servitudes actives et passives des particuliers, des communes et des établissements publics des pays respectifs. »

Est-ce que tenir compte de la configuration des montagnes veut dire qu'on adoptera exclusivement comme limite la ligne de partage des eaux? Et si on admet cette limite pour une partie de la frontière, il faut l'admettre pour l'autre. Or, au Mont-Cenis et au Petit-Saint-Bernard, on a posé des principes pour n'en tenir aucun compte ; la modification détruit la règle.

Lisons plutôt la convention de délimitation : « Les plateaux du Mont-Cenis, *qui appartiennent a l'arrondissement de Maurienne, restent à la Sardaigne* ; la limite, sur ce point, suivra la grande crête des Alpes, soit la ligne de partage des eaux... »

Au Petit-Saint-Bernard, par contre, la ligne de partage des eaux aurait laissé la plus grande partie du plateau à la France. Or, voici ce que dit la convention : « La nouvelle limite sera tracée sur le Petit-Saint-Bernard de telle sorte que l'hospice reste au Piémont. »

Puisqu'on avait adopté le principe des eaux pendantes au Mont-Cenis, à l'encontre de tous les souvenirs historiques et des conditions d'alpéage, il était le cas de le maintenir au Petit-Saint-Bernard, où il se rattachait de plus, soit à l'histoire, soit à l'exploitation des châlets (1).

Nous ne parlons pas de la nécessité de la défense dont il est question cependant dans l'art. 3 du traité et pour laquelle les plateaux supérieurs sont d'une importance capitale.

De cette situation contradictoire entre les principes posés et les faits, résultent des conflits entre le gouver-

---

1. *Neutralité militaire.*

nement italien et les particuliers et établissements publics demeurés français. Nous n'avons pas l'intention de les passer en revue; nous ne ferons que signaler les suivants : les chàlets des plateaux du Mont-Cenis appartiennent aux habitants des communes françaises et sont exploités par eux. Il en a toujours été ainsi. Par suite de l'ébrèchement de l'arrondissement de Maurienne, ils sont obligés d'exercer leur industrie en terre étrangère. De nombreux conflits ont surgi, en particulier pour le droit de pâture sur les communaux; et bien entendu, ils se sont toujours terminés au détriment des particuliers, en dépit de l'art. 5 du protocole du 27 juin : il ne sera porté aucune atteinte aux droits *de propriété et d'usage, non plus qu'aux servitudes actives et passives,* etc. L'hospice, fondé en 818 par Charlemagne, réorganisé en 1800 par Napoléon, était sous la direction de l'évêque de Maurienne, qui a maintenu énergiquement son droit d'en nommer le personnel, comme le roi d'Italie nomme le personnel de l'abbaye d'Haute-Combe sur territoire français. Cependant, en 1878, le recteur fut dépossédé de son bénéfice par voie administrative.

On peut dire en résumé que l'art. 3 du traité comme l'art. 2 est lettre morte, quoiqu'il eût, à la différence du précédent, sa raison d'être, tant au point de vue des principes du droit, que pour la conservation d'intérêts publics et privés d'une très grande-importance.

TITRE II

Droit public constitutionnel et administratif.

Ce titre n'intéresse plus le droit des gens, le droit public européen, comme celui du titre précédent. Il ne faut pas perdre de vue cependant, que nous sommes toujours en matière d'annexion, où les principes du droit international public et privé doivent servir de guide. Mais ici les traités sont muets le plus souvent, parce que toutes les règles du droit constitutidnnel et administratif sont d'ordre public interne ; le principe de non-intervention s'oppose à ce que les lois de cet ordre puissent dépendre d'une façon quelconque d'une puissance étrangère, d'une convention internationale.

Il y a néanmoins des questions transitoires, qui par le simple fait du changement de souveraineté, se posent inévitablement, et doivent être réglées entre l'État démembré et l'État annexant qui prend le lieu et place du premier ; telles sont, par exemple, les délicates questions des dettes personnelles des pays annexés, de la part contributive de ces pays aux dettes de l'État démembré, de l'application des traités conclus par les deux États.

En règle générale, les pays annexés doivent être soumis immédiatement à toutes les lois constitutionnelles de l'État annexant ; ces lois sont d'ordre public par excellence. Des exceptions peuvent avoir lieu pour des populations de mœurs, d'idées, de civilisation, complètement différentes des nôtres. Les sujets arabes de l'Algérie, les

indigènes de l'Indo-Chine, ne jouissent pas des droit
politiques.

Ce n'était pas le cas pour la Savoie et Nice.

Dès le 7 septembre 1860, un décret rendit immédiate
ment applicable en Savoie et à Nice le décret-loi organi
que du 2 février 1852, sur l'élection des députés par l
suffrage universel.

La difficile question de savoir quelle situation doit êtr
faite au pays annexés et à l'État annexant, soit quant au
dettes personnelles des pays annexés, soit quant à la par
contributive de ces derniers aux dettes de l'État démembr
a été prévue par l'art. 4 du traité d'annexion, et réglé
par l'art. 1er de la convention additionnelle du 23 aoû
1860 :

« La part contributive de la Savoie et de Nice dans l
dette publique de Sardaigne est fixée à 4,500,000 fr. d
rentes sardes à 5 p. 100. Les intérêts de ces rente
courront au profit de la Sardaigne à partir du 14 juir
1860.

En conséquence, le gouvernement français s'engage
remettre au gouvernement sarde des titres de rente
sardes à 5 p. 100, montant à 4,500,000 fr., à prendr
sur les titres de rentes semblables qui lui ont été remi
en exécution du traité de Zurich. »

La part contributive a été fixée proportionnellement
non pas à l'étendue du territoire, ce qui serait tout
fait déraisonnable, ni à la population, qui peut être pau
vre, mais à la quotité d'impôts que payaient les pay
annexés d'après la répartition faite par les lois de finan
ces de l'État démembré.

Quant aux dettes locales, contractées personnellement par les pays annexés, provinces ou communes, cela va sans dire, elles restent à leur charge.

Malgré la légitimité du principe de la division des dettes entre les pays annexés et l'État démembré, il arrive en fait, qu'un État conquérant ne consent pas toujours à subir une portion des dettes de l'État vaincu. L'Alsace-Lorraine à été annexée à l'Allemagne franche de dettes. La Russie n'a pas voulu prendre à sa charge une part proportionnelle de la dette turque. Quelquefois, la contribution aux dettes est imposée : la Belgique a pris à sa charge une portion de la dette hollandaise en vertu d'un règlement établi par les grandes puissances. Quand le Piémont acquit la Lombardie, un arrangement est intervenu par l'intermédiaire de la France.

En ce qui concerne les contrats relatifs au territoire démembré, le nouvel État succède aux obligations de l'ancien : art. 5 de la convention additionnelle du 23 août 1860. « La France succède aux droits et obligations résultants des contrats régulièrement stipulés par la Sardaigne pour les objets d'intérêt public concernant spécialement la Savoie et l'arrondissement de Nice. » La question avait été prévue dans le traité du 24 mars, qui dans son art. 4, réservait au gouvernement sarde le droit de terminer les travaux entrepris pour le percement du tunnel des Alpes (Mont-Cenis), (V. traité du 7 mai 1862).

Des traités conclus par le gouvernement sarde, il n'en est pas question ; et alors nous devons nous reporter aux principes généraux : les traités disparaissent avec l'État qui les a conclus ; à moins qu'ils ne se rapportent directement au territoire, auquel cas on peut concevoir leur maintien ; mais encore faut-il tenir compte des circonstances ; nous avons vu que les traités de 1815 concernant la Haute-Savoie n'avaient plus, suivant nous, leur raison d'être, et par conséquent n'existaient plus. Il faudra maintenir aussi les droits acquis aux pays annexés en vertu des traités conclus par l'ancien gouvernement.

Les traités conclus par l'État annexant s'appliquent-ils de plein droit à la partie annexée ? La jurisprudence française l'admet d'une façon unanime, spécialement en ce qui concerne ses traités avec la Sardaigne, (V. arrêt cour de Paris, Sir. 81, 2, 145). Lorsque l'annexion ne modifie pas d'une façon appréciable l'État annexant, comme celle de la Savoie-Nice, on peut admettre cette théorie ; mais déclarer applicables à l'Italie entière toutes les anciennes conventions de la maison de Savoie, ne peut être, de l'avis même de M. Fiore, et contrairement à la jurisprudence française, qu'un pur expédient. (1)

Faut-il de même étendre de plein droit la législation française aux pays annexés ? Nous pensons avec M. Selosse, qu'un principe domine tout en cette matière : pour que les lois soient exécutoires elles doivent être promulguées dans chaque partie de l'État. La promulgation a eu lieu à une époque où les pays annexés ne faisaient point partie de la France ; elle n'a donc pu produire aucun effet quant à ces pays. Cette solution résulte de l'art. 1er du Code civil, combiné avec le décret du 5 nov. 1870. Et c'est

1. M. Renault à son cours, M. Cabouat, thèse 1881.

le système qui a été suivi par la France lors de l'annexion de la Savoie. Le Sénatus-consulte du 12-14 juin 1860, art. 1er est ainsi conçu : « la Savoie et l'arrondissement de Nice font partie intégrante de l'empire français. La constitution et les lois françaises y deviendront exécutoires à partir du 1er janvier 1861... art. 3... Toutes dispositions nécessaires pour l'introduction du régime français dans ces territoires pourront être réglées par décrets impériaux rendus avant le 1er janvier 1861. Ces décrets auront force de loi... »

Les décrets sont intervenus en grand nombre: on en compte près de 75. Un des plus importants est celui des 22-25 août 1860 sur l'application en Savoie et à Nice des lois civiles, commerciales et de procédure civile. Il déclare ces lois exécutoires à sa date, devançant ainsi, sur la demande des intéressés, la date du 1er janvier 1861 portée au sénatusconsulte. Ce décret est précédé d'un rapport du ministre de la justice à l'empereur, contenant d'excellentes indications sur les principes qui devront nous guider pour l'étude des difficultés qu'a fait naître le changement de législation. « Il est juste, dit-il, qu'en rapprochant l'application des lois françaises, on prenne les précautions convenables pour préserver de toute atteinte les actes auxquels a présidé la législation qui s'éteint, pour empêcher que les familles ne soient troublées. Il faut qu'une sanction formelle soit donnée aux droits acquis,... que les contrats destinés à consacrer l'exercice légal de la puissance paternelle et à assurer le sort des familles soient respectés et consolidés...... Il faut que des dispositions précises épargnent aux pays.

devenus français, les longs et difficiles procès dont en France a été marquée l'inauguration du code civil. »

Les choses du domaine public de l'État démembré, situées dans les pays annexés, passent à la France sans conditions. Il n'y a, à ce sujet, aucune difficulté. Au contraire, celles du domaine privé de l'État demeurent la la propriété de l'Etat démembré. Mais en Sardaigne, comme dans l'ancienne France, cette distinction n'existait pas ; le domaine de la couronne, qui était inaliénable, comprenait à la fois les biens affectés à un service public et des biens ordinaires. Pour les biens de la couronne, situés sur le territoire annexé, il a fallu faire la distinction. Ainsi l'abbaye d'Haute-Combe, quoique devenue territoire français, est demeurée la propriété privée du roi d'Italie, qui a conservé le droit d'en nommer les gardiens, d'y faire des règlements, à la condition qu'ils ne soient pas contraires à nos lois d'ordre public. Les chemins de fer, et spécialement les travaux pour l'achèvement du tunnel du Mont-Cenis, ont fait l'objet d'une règlementation minutieuse (Convention du 7 mai 1862). L'Italie a achevé les travaux; la France a payé en argent les dépenses de la partie située sur son territoire.

Les objets garnissant les immeubles affectés à un service public, quoique faisant partie du domaine privé de l'État, sont devenus la propriété du gouvernement français par le fait de l'annexion, en vertu de la règle : *accessorium sequitur principale*. Cependant, il a fallu un article formel pour le dire (art. 4, conv. du 23 août 1860).

Les archives sont souvent l'histoire d'un peuple, la suite de sa vie intime et publique : ce sont ses titres de famille; l'en priver c'est le traiter en déshérité (1). Elles sont dans le domaine public des provinces annexées ; tous les citoyens doivent pouvoir les consulter. Aussi la convention additionnelle du 23 août 1860, art. 10, portait-elle : « Les archives... contenant des titres et documents relatifs à la Savoie et Nice, qui peuvent se trouver entre les mains du gouvernement sarde, seront remises au gouvernement français. » Or, à diverses époques, les archives de Savoie furent transportés à Turin, et, malgré les stipulations formelles des traités, n'ont pas été restituées.

Quant à l'engagement réciproque de remettre au gouvernement sarde les titres concernant la famille royale de Sardaigne, il n'a pas la même portée, parce que, comme nous l'avons dit, tous les documents importants ont été transportés à Turin.

Notons l'engagement mutuel d'échanger des renseignements, des copies, des calques, sur la demande des autorités supérieures de l'un ou de l'autre pays, pour tous les documents concernant à la fois la Sardaigne et les pays annexés.

DROIT ADMINISTRATIF PROPREMENT DIT

SECTION I

Fonctionnaires.

La situation des divers fonctionnaires de l'ordre administratif et judiciaire a été réglée par une série de décrets.

1. Ducis.

L'art. 5 du traité du 24 mars contenait les dispositions générales suivantes : « Le gouvernement français tiendra compte aux fonctionnaires de l'ordre civil et aux militaires appartenant par leur naissance à la province de Savoie et à l'arrondissement de Nice, et qui deviendront sujets français, des droits qui leur sont acquis par les services rendus au gouvernement sarde : ils jouiront notamment du bénéfice résultant de l'inamovibilité pour la magistrature, et des garanties assurées à l'armée. » Les fonctionnaires de l'ordre purement administratif ont pu être révoqués sans injustice, n'étant pas protégés par l'inamovabilité, et n'ayant par suite aucun droit acquis. Mais il n'y avait pas une grande différence entre les intendances et sous-intendances, et nos préfectures et sous-préfectures ; et en fait, on a souvent laissé en fonction les intendants, en en faisant des préfets et des sous-préfets. Dans ce ce cas, il fallait appliquer l'art. ci-dessus, et tenir compte des droits acquis au service de l'ancien gouvernement, notamment pour établir un titre à la pension de retraite.

Aux officiers de l'armée, le décret du 28 juin-19 juillet 1860 assure l'équivalence des grades.

On ne les incorporait que sur leur demande et on exigeait d'eux qu'ils fussent déliés de leur serment envers la Sardaigne (art. 1 et 2). On ne saurait être trop large en cette matière, où les froissements, les susceptibilités surgissent avec une grande facilité ; et sous prétexte de garantie contre l'admission dans l'armée française d'officiers incapables et ignorants, on détermine souvent l'option, pour un pays qui peut devenir ennemi, d'hommes appelés à y jouer des rôles considérables, sinon les premiers; on en a vu des exemples. Pour ne pas citer des noms récents, rappelons seulement le prince Eugène de Savoie sous Louis XIV.

Quant aux magistrats de l'ordre judiciaire, il y a contradiction évidente entre l'art. 5 du traité du 24 mars, qui leur assure le bénéfice de l'inamovibilité, et le décret des 12-18 juin 1860, qui dispose dans son art. 1er : « les magistrats dont se compose actuellement la Cour d'appel de Chambéry, les tribunaux d'arrondissement, et les justices de mandement (justices de paix), dans la Savoie et l'arrondissement de Nice, continueront à remplir leurs fonctions jusqu'à ce qu'ils aient été confirmés par nous ou qu'il ait été pourvu à leur remplacement. »

Ainsi ce décret permet au gouvernement de destituer les magistrats dont l'inamovibilité était garantie par le traité. Sans doute, ces magistats ont été investis de leurs fonctions par un gouvernement étranger ; et le gouvernement Français ne pouvait accepter ces choix sans porter atteinte au principe international de l'indépendance des États ; mais la clause formelle du traité, acceptée par le gouvernement français, n'est-elle pas une confirmation, une nouvelle investiture de la charge ? Tout au moins, devrait-on accorder une indemnité en cas de dépossesion ; les magistrats inamovibles sont pour ainsi dire propriétaires de leur siège, dit M. Selosse. Leur situation se rapproche d'avantage de celle des officiers, propriétaires de leur grade, que de celle des fonctionnaires de l'ordre administratif, qui dépendent essentiellement du gouvernement et sont toujours révocables.

Il est bon d'ajouter qu'en fait, les magistrats devenus français, ont presque tous été maintenus en fonction. Ce décret contient une autre anomalie, qui, il est vrai, n'a pu être que provisoire : il oblige les magistrats qui ne sont pas devenus Français à rester en fonction jusqu'à leur remplacement. Une telle disposition ne peut obliger les intéressés : ce serait une atteinte à la liberté individuelle et au droit des gens ; elle ne pourrait être contenue que dans un traité international, alors, les intéressés occuperaient la fonction sur l'ordre de leur gouvernement.

Les pensions de retraite, liquidées au 14 juin 1860, sont réglées par l'art. 2 de la convention du 23 août 1860 « Les pensions tant civiles que militaires... restent acquises à leurs titulaires. Le gouvernement français est chargé de les payer à cette date. Le décret du 21 novembre art. 1 et 28, règle pour l'avenir les pensions des individus demeurés en activité de service, sur les bases suivantes: « Les services rendus à la Sardaigne seront comptés, suivant la loi française, à l'égal de ceux qui seront rendus à la France, pour établir les titres à la pension de retraite ou à toute autre récompense. »

SECTION II.

Offices ministériels, cautionnements

L'art. 407 du code sarde répute immeubles les places de procureurs, d'actuaires et autres, et comme telles les rend susceptibles d'hypothèques.

1° *Notaires*. Le décret du 1er-14 décembre 1860 a réduit le nombre des offices de notaires dans la Savoie et l'arrondissement de Nice. Cette réduction se justifie par la diminution considérable des attributions des notaires que l'annexion a opérée. D'après la législation sarde, une foule d'actes étaient soumis à la forme authentique :

1° Les actes translatifs ou constitutifs de droits réels ; 2° les sociétés et partages qui ont pour objet des immeubles quelconques, et les baux dont le terme n'excède pas neuf ans ; 3° les constitutions de rentes et autres actes par lesquels on s'oblige à des prestations viagères et perpétuelles ; 4° les conventions portant cession ou renonciation à des droits héréditaires ; les ventes par enchères, même de biens meubles, lorsque leur valeur excède la somme de trois cents livres ; les procurations *ad lites* ; les procurations générales *ad negotia*, et mêmes les procurations spéciales quand celles-ci ont pour objet l'obligation ou l'aliénation d'un immeuble, ou tout autre contrat fait ou à faire par acte public ; 5° les cessions de droits ou d'actions dérivant d'actes publics, ou qui ne peuvent être établis que par des actes de cette nature ; tous les contrats en général qui ne sont qu'un accessoire ou une dépendance d'autres contrats rédigés par acte public, ou qui ne peuvent être rédigés que par un acte semblable ; toutes les explications, modifications ou révocations, ou toutes transactions auxquelles ces contrats donneraient lieu. Il en est de même des quittances relatives aux obligations contractées par acte public, à l'exception de celles qui ne concernent que des intérêts, loyers, rentes, et autres annuités (art. 1412 C. Alb.).

La sanction est que nulle autre preuve n'est admise, et que les contrats sus-mentionnés sont considérés comme non avenus (art. 1413). Ne sont exceptées de cette rigueur que les transactions sur procès, consenties devant les juges. Cette énumération de contrats soumis à l'authenticité est un peu longue; mais si elle était restreinte aux actes les plus importants, surtout aux actes translatifs de propriété immobilière, on ne pourrait nier le réel avantage de la présence à un acte important, du notaire et des témoins. Ce serait une sûre garantie contre les faux. Avec le régime sous-seing privé, un faussaire fait un acte d'achat de vos propriétés; vous n'en savez rien. Un beau jour, vous voulez vendre ou donner une hypothèque; l'acheteur ou le créancier vont au bureau de transcription; ils trouvent un acte que vous n'aviez jamais soupçonné. Le coupable est dénoncé, traduit en assises! Mais s'il est acpuitté? Les considérations du jury sur la culpabilité sont de toutes sortes. Quelle sera la conséquence de cet acquittement? 9 fois sur 10 vous serez obligé de relâcher vos immeubles, de vous laisser dépouiller de la façon la plus révoltante; car il sera bien rare que vous puissiez attaquer le faux pour d'autres causes; toutes les précautions auront été prises. Même l'imitation de l'écriture peut être tellement ressemblante que les experts ne pourront affirmer qu'il y a faux. Ou bien encore il peut y avoir abus de blanc-seing. Ce ne sont pas là de pures hypothèses; des cas, on peut dire des drames de cette nature, se sont déroulés devant les tribunaux. Avec la présence du notaire et des témoins à l'acte, le faux serait, on peut le dire, presque impossible.

Quoi qu'il en soit, tous les actes ci-dessus énumérés, passés avant 1860 en Savoie, seront nuls s'ils ne sont pas notariés.

Les modes de réduction des offices de notaire en 1860, par suite de la diminution considérable du nombre de leurs attributions, ont été la démission, la destitution, le décès. Les notaires en fonctions ont été maintenus à la charge : 1° de prêter serment ; 2° de fournir le cautionnement exigé par la loi de 1816 ; 3° de s'engager à payer, lorsqu'un office serait supprimé dans le canton où le notaire réside, la somme qui sera fixée sur l'avis du tribunal compétent, pour indemniser le titulaire de l'office supprimé, ou ses ayants-droit.

2° *Avoués*. — Les anciens procureurs exerçant près des juridictions de Savoie et de Nice, ont été de préférence nommés avoués, ou maintenus en fonction, en vertu des dispositions du décret du 28 septembre 1860, sans être soumis aux conditions d'âge et d'études imposées par la loi française. Ils ont dû indemniser les procureurs qui n'étaient pas compris dans l'organisation nouvelle.

Une loi du 3 mai 1857 avait déclaré libre la profession de procureur et quelques autres, et fixé l'indemnité qui serait payée aux anciens titulaires dépossédés. Les 7/10 du prix fixé furent considérés comme la valeur effective de l'office, soit de la patente ou du titre conférant le droit exclusif de postuler. L'Etat en opéra le rachat au moyen d'indemnités allouées aux anciens titulaires expropriés, sous forme d'inscriptions de rentes ou cédules sur l'Etat. Les inscriptions hypothécaires purent être transférées de l'office sur les 7/10 du prix de rachat. Quant aux 3/10 restant, ils représentaient la valeur de la clientèle ; ils furent réputés meubles et purent être grevés du privilège du vendeur de meubles.

Le décret du 26-29 septembre 1860 rétablit, ou plutôt établit, près les cours et tribunaux des pays annexés, les offices d'avoués, c'est-à-dire le droit exclusif de postuler, avec le bénéfice de la finance, ou le droit de présentation de l'art. 91 de la loi du 28 avril 1816. Il obligeait ceux des avoués institués, qui avaient reçu du gouvernement sarde des titres de rentes représentant la valeur de leur office, à les restituer. Les mêmes avoués devaient en outre verser un capital pour indemniser les procureurs qui n'avaient pas été compris dans l'organisation nouvelle. Cette indemnité ne devait correspondre qu'aux 3/10, puisque les anciens procureurs non renommés avoués pouvaient garder leurs titres de rente.

Tous les autres offices, (huissiers, greffiers) reconnus par la loi française, se sont mobilisés (décrets 10 décembre pour les greffiers, et 17 septembre pour les huissiers).

Comme tout vendeur de meubles non payé, le vendeur d'un office conserve son privilège (Cass. 13 juin 1853, 20 janvier 1857). La loi sarde n'accordait au vendeur de meubles non payés qu'un privilège d'une année ; et il a été jugé, conformément à l'art. 2281 que les prescriptions commencées, étaient régies par la loi ancienne, dans notre espèce, par l'art. 2157 du code sarde et non par l'art. 2102 du code français (1).

1. Trib. Chambéry, 19 août 1862. *Journal de la Cour*, p. 356. Grenoble, id. p. 408.

La jurisprudence conserve le privilège au cas de démission forcée, de suppression de la charge ; mais elle le refuse au cas de destitution.

3° *Cautionnement*. — Le gouvernement français a été subrogé au gouvernement sarde par la convention du 23 août, art. 14, dans tous les droits d'hypothèque de ce dernier sur les inscriptions de rente sarde, à titre de cautionnement des comptables, officiers ministériels, et autres fonctionnaires publics des deux provinces de Savoie et de Nice, passés au service de l'administration française.

Toutefois le gouvernement sarde s'est réservé l'antériorité pour les droits acquis à son profit au jour de l'annexion. Le décret du 17 octobre-1er novembre oblige les fonctionnaires à convertir leur cautionnement en numéraire. Les cautionnements en numéraire sont versés au trésor français. Le gouvernement sarde s'est engagé à fournir une déclaration de *quitus* ou apurement et de non-opposition, et à faciliter autant que possible la réalisation des rentes sardes qui deviendrait nécessaire.

§ 3. — *Avocats, médecins, étudiants.*

D'après les royales constitutions, liv. 2, t. 9, les avocats ne peuvent être admis à exercer leur profession avant d'avoir justifié, par-devant le Sénat (Cour d'appel) qu'ils ont leurs lettres de doctorat, et qu'ils se sont appliqués à la pratique pendant deux ans, dans le cabinet d'un avocat exerçant, et ensuite pendant une année, dans celui d'avocat des pauvres.

Ils ne pouvaient se rendre cessionnaires des droits litigieux dans le ressort du tribunal où ils résidaient.

Ils avaient une action en justice pour le paiement de leurs honoraires, se prescrivant par deux ans. Rien ne subsiste de ces dispositions, car le décret du 10 décembre 1860 est venu déclarer exécutoires à sa date dans les départements de la Savoie et de la Haute-Savoie et à Nice, les lois, les ordonnances, décrets concernant l'organisation, la police et la discipline de l'ordre des avocats.

Les médecins ont obtenu l'équivalence des diplômes par le décret du 24 octobre 1860, art. 1 : Le diplôme de docteur en médecine, obtenu avant le 1er janvier 1861, près des universités sardes, par les jeunes gens originaires des provinces annexées à la France, et devenus Français, est déclaré, à titre gratuit, équivalent au diplôme français de docteur en médecine, et confère aux titulaires les droits et prérogatives attachés en France à ce diplôme.

Les étudiants devenus français, qui étaient en possession d'une bourse du gouvernement sarde au collège royal Charles-Albert, pour prendre leurs grades près les facultés de théologie, de droit, de médecine, de sciences de Turin, ont été autorisés par décret, à continuer à jouir de cette bourse jusqu'à l'achèvement de leurs études ; et les diplômes obtenus à cette époque seront équivalents aux diplômes français correspondants.

Aux étudiants ordinaires on a fait une situation équivalente au point de vue des examens subis.

SECTION III

Personnes morales.

Les associations, les établissements constitués en personnes morales, comme les individus occupant des fonctions publiques ou des professions organisées, ont des droits acquis que l'annexion doit respecter. Nous ne parlerons pas de l'organisation administrative, des conseils départementaux, communaux, ni de la division en arrondissements, cantons ; parce que toutes ces assemblées, toutes ces divisions ne constituent pas des personnes, n'ont pas de droits : elles font essentiellement partie de l'organisation politique, et disparaissent sans laisser de traces.

§ 1er. — *Communes.*

La commune est la moins changeante, la plus ancienne, la plus naturelle des divisions administratives. On la trouve avec des formes diverses chez tous les peuples.

Elle a dû précéder l'État, ou plutôt elle a dû être la forme de l'État primitif. A l'origine des sociétés, à peine quelques familles se sont-elles réunies, qu'elles ont senti le besoin d'une administration intérieure et d'une police locale. Les plus sages furent d'abord chargés de ce gouvernement. Ils furent successivement connus sous le nom d'anciens, de gérontes, d'édiles, de décemvirs, de consuls, d'échevins, de syndics, de maires. La commune est une personne morale.

A l'annexion de la Savoie, le décret des 28 juin-12 juillet 1860 ne déclare applicables dans les pays annexés, que les lois françaises sur l'organisation et les attributions municipales (1), mais il ne touche pas à l'ancienne délimitation, ni aux biens du domaine public et privé des communes, qui sont maintenues dans les conditions juridiques où ils se trouvaient avant l'annexion, tant qu'une loi française ne sera pas venue en modifier le régime. D'ailleurs, les droits acquis en vertu des anciennes lois subsisteront toujours, à moins qu'ils ne deviennent contraires aux lois d'ordre public françaises. Il n'a rien été innové en cette matière par la loi du 5 avril 1884.

Dans la Savoie, comme dans toutes les régions alpestres, existe une grande quantité de biens communaux, consistant en pâturages, et situés ordinairement dans les régions supérieures, depuis la zone où finit la forêt, jusqu'à celle où commencent les neiges éternelles.

La jouissance en est commune entre les habitants. Pendant la période dite d'inalpage, les bestiaux dans le genre chèvres, moutons, génisses, y sont laissés quelquefois à l'abandon suivant l'expression consacrée; ils ne sont visités qu'une fois ou deux par semaine. Cette façon d'user des pâturages communaux constitue *le droit de vain parcours*, auquel on a adressé des repro-

1. Le conseil communal prendra le nom de conseil municipal et en aura les attributions; le syndic prendra le nom de maire et en aura les fonctions.

ches graves. Le gouvernement sarde en a reconnu l'abus ; mais il faudra encore bien du temps pour extirper des usages aussi invétérés. Nous ajouterons même que la nature et la situation des pâturages alpestres permettent difficilementd'en partager la jouissance ; si on voulait l'opérer, il s'élèverait partout des protestations unanimes de la part des habitants des communes intéressées.

Ce serait assurément léser un droit très-ancien qui constitue pour beaucoup de montagnards leur presque unique ressource. Voici cependant les moyens qu'avaient pris les instructions ministérielles sardes pour l'abolition progressive des pâturages publics : 1° séparer, lorsqu'on ne peut pas faire mieux, une certaine quantité de terre inculte pour l'abandonner aux particuliers ; 2° imposer une taxe à ceux qui profitent des pâturages, en exceptant cependant ceux qui seraient dans l'impossibilité de la payer. Cette taxe est imposée par le conseil municipal de chaque commune, à tant par tête de bétail, dans les proportions de 1 fr., par exemple, pour chaque tête de l'espèce bovine, et 25 cent. pour l'espèce ovine. Chaque individu a droit à un nombre limité de têtes d'animaux ; s'il dépasse ce nombre, il est imposé pour le surplus d'une taxe double, triple, etc., qui devient pour lui trop onéreuse, et le force à se restreindre : 3° donner à bail à long terme le surplus des communaux, en assignant une récompense à titre d'indemnité pour ceux qui les auront améliorés ou se seront le mieux conformés aux clauses du bail ; 4° ne céder en emphytéose ou albergement (rente foncière) que les terrains qui ne

peuvent être acensés (loués), en mettant pour premiè
clause qu'il y sera fait des plantations successives
5° préférer aux contrats de rentes rachetables les bau
de cent ans.

Nous croyons que de tels baux peuvent encore se fai
dans les pays annexés, parce que la loi exceptionnel
du 25 mai 1835, fixant à 18 ans la durée des baux de
biens ruraux des communes, n'a pas été déclarée appl
cable lors de l'annexion, et n'a pas été reproduite da
les lois d'organisation municipale de 1867 et 1884.
existe en fait des tenures de ce genre ; elles soulèvent de
difficultés dans les partages de succession, lorsque le dé
funt a cédé son droit à l'un de ses enfants. Les tribu
naux les déclarent imputables sur la quotité disponible
rapportables à la masse, soumises au partage (1) ; ce qu
tendrait à faire croire qu'ils considèrent ces tenure
comme des propriétés véritables, bien que l'art. 1718 d
code sarde qui régissait la matière réputât bail toute con
cession temporaire d'immeubles, à quelque titre qu'ell
fût faite et disposât que cette concession ne transféra
aucun domaine, nonobstant toute clause contraire.

Ainsi le partage de la jouissance des biens commu
naux est, sinon défendu en droit, du moins impossibl
en fait. — Que décider du partage de la propriété?

Nous ferons remarquer d'abord que les biens commu
naux appartiennent non pas aux habitants considéré
individuellement, comme le dit à tort notre art. 542 Cod

---

1. Trib. St-Jean-de-Maurienne, décembre 1889 (aff. Quézel
Guerraz).

civ.; mais à la commune elle-même considérée comme personne morale, suivant la définition très-exacte de l'art. 434 du Cod. civ. sarde : « les biens communaux sont ceux dont la propriété appartient à une ou plusieurs communes, ou à une section de commune, et au produit et à l'utilité desquels ont droit les individus composant la commune ou la section de commune. » Dans ces conditions on conçoit bien une vente, un échange, mais non un partage, parce qu'il n'y pas indivision entre les habitants, comme pourrait le faire croire à tort notre art. 542. En France la loi du 14 août 1792, avait ordonné le partage des biens communaux; mais elle n'avait pas été promulguée en Savoie, qui ne fut conquise que le 21 septembre.

La loi du 10 juin 1793, substitua le partage facultatif au partage obligatoire. Enfin le décret du 9 ventôse an XII, interdit le partage, en abrogeant la loi de 1793. Toutes les lois postérieures sur les communes ont gardé le silence. Aucune des anciennes ne demeura applicable à la Savoie, en vertu de l'édit du 28 octobre 1814 de Victor-Emmanuel Ier, édit entériné par le sénat de Savoie, et dont l'art. 17 est ainsi conçu : « nous voulons qu'à dater de la publication du présent édit, *les lois actuellement existantes cessent d'être observées*, et nous remettons en vigueur les constitutions générales de 1770, édits et autres dispositions de nos royaux prédécesseurs jusqu'à l'époque du 21 septembre 1792. »

L'annexion a-t-elle remis en vigueur les dispositions prohibitives du partage ? Aucune promulgation particulière n'en a été faite. Dès lors il faut se demander si ces lois sont d'ordre public, auquel cas elles seraient applicables aux pays annexés. Nous ne croyons pas que l'ordre public soit intéressé à prohiber le partage de quelques pâturages alpestres ; néanmoins ce partage ne nous paraît pas possible en vertu du principe que nous avons mentionné plus haut : c'est la commune et non les habitants, qui est propriétaire. (1)

§ II. — *Fabriques.* — *Bénéfices.* — *Cures.*

Dans les rapports de l'Église et de l'État, l'organisation des cultes, l'annexion de la Savoie soulève de nombreuses questions auxquelles nous devrons donner quelques développements, parce qu'il s'agit d'un pays qui avait une puissante organisation religieuse dont les diverses branches constituaient des personnes morales qui étaient propriétaires, avaient le droit d'acquérir.

Cet état de chose était reconnu, réglé, protégé par les lois. Nous lisons au frontispice des lois constitutionnelles et civiles : art. 1er de la constitution de 1848, et art. 1er du Code civil de 1837 : « La religion catholique, apostolique et romaine est la seule religion de l'État ; les autres cultes actuellement existants sont tolérés conformément aux lois, art. 2 du Code civil : le roi s'honore d'être le protecteur de l'église, et d'en faire observer les lois dans toutes les matières qu'il appartient à l'église de régler. Les Cours suprêmes veilleront au maintien du plus parfait accord entre l'église et l'état etc. »

« La liberté des cultes, dit M. Selosse est le principe

(1) V. M. Ducrocq, *Des partages des biens communaux*, p. 23, 32 et suiv.

ondamental qui régit les rapports de l'État français avec a religion; le même principe présidera désormais à l'organisation des cultes dans les provinces annexées. Son application dans un pays où il aura été jusque là inconnu pourra y causer des troubles religieux, et froisser les convictions des individus, mais il n'est pas possible d'empêcher ce résultat, car ce principe figure au nombre de nos règles d'ordre public et doit être appliquée dans toute l'étendue du territoire ». Il en sera de même des lois intérieures sur la police des cultes. Dans ces deux cas on se trouve en présence d'un État, qui en vertu de son droit de souveraineté, est libre de régler comme il le juge convenable l'organisation sociale du pays qu'il gouverne. Que décider du concordat de 1801 qui règle les rapports de l'Église et de l'État? Nous ne sommes pas ici en présence d'un traité qui doit être appliqué de plein droit aux pays annexés, comme le serait un traité de commerce, ou bien encore celui de 1760 entre la France et la Sardaigne concernant les jugements réciproques parce qu'en ces matières de nombreux intérêts locaux sont en jeu. Aussi les bulles des 24 juillet 1861 et 1er décembre 1862, ont étendu à la Savoie et au comté de Nice le concordat de 1801, sans cependant porter atteinte aux droits acquis en vertu des anciens traités réglant les rapports de l'église de Savoie et de l'Etat, notamment du concordat du 14 mai 1828 conclu entre le pape Léon XII et le roi Charles-Félix.

Nous devions donner ces notions avant de passer en revue les diverses personnes morales qui se rattachent à l'Eglise.

La fabrique, dit M. Batbie, est une personne morale

qui représente la paroisse pour tout ce qui est relatif aux intérêts pécuniaires. Ainsi la paroisse, ou plus exactement l'église paroissiale, peut, sous le nom de fabrique, posséder, acquérir comme la commune. L'administration de la fabrique, la composition des conseils, cessent par le fait de l'annexion, d'être régis par les règlements du 1[r] décembre 1825 concernant les diocèses de Chambéry, Maurienne et Tarentaise, et le Manifeste du Sénat de Savoie du 22 août 1825, concernant les fabriques de la Savoie ; elles deviennent soumises au décret du 30 décembre 1809.

Mais la recomposition du patrimoine des fabriques a été faite sous l'empire des réglement et manifeste précités, et c'est à eux qu'il faut se reporter encore aujourd'hui pour connaître cette composition. Puisqu'aucune loi française n'a été portée sur la matière, on peut les considérer comme étant encore en vigueur dans les pays annexés. Voici d'après le Manifeste du Sénat la composition du patrimoine des fabriques.

Seront considérés comme formant le temporel de chaque église paroissiale : 1° les biens et droits appartenant à l'église paroissiale, ceux des autres églises et confréries supprimées, et ceux des corporations religieuses qui lui auraient été irrévocablement abandonnés ; 2° les fondations et donations, les immeubles que l'église acquerrait, sous la réserve, pour les immeubles et rentes, de lettres d'amortissement, sauf les cas prévus par les les lettres-patentes du 9 février 1816 ; le produit des concessions des tombes particulières aux termes du règlement du 9 avril 1822 ; les produits de la location des bancs, chaises dans les églises, les quêtes ou cueillettes, troncs, oblations, excepté ce qui fait partie du casuel du curé pour messes et autres ; les droits de la fabrique pour sonneries, ornements, luminaire de sépulture. Enfin les sommes portées au budget des communes pour menus frais de culte.

Sur ces avoirs et revenus, les fabriques devront pourvoir aux frais du culte divin, en se conformant aux fondations et donations, et même au traitement des vicaires amovibles, supplément de traitement autorisé, ainsi qu'aux grosses réparations des églises, cimetières et presbytères, celles dites locatives restant à la charge du bénéficier. En cas d'insuffisance, les communes doivent y pourvoir (Lettres-Patentes du 5 avril 1825). Nous reviendrons sur ces réparations, et les Lettres-Patentes qui les règlent.

Est-ce là tout le patrimoine de la fabrique? A qui appartiennent les presbytères, les églises anciennes non aliénées à la Révolution, les cimetières et leurs dépendances ? sont-ils la propriété des bénéfices-cure, des fabriques, ou bien des communes ?

Deux courants d'opinion se sont formés en France sur cette question. L'un est antérieur, l'autre postérieur à 1830. L'assemblée Constituante, le 24 novembre 1789 mit les biens de l'Église à la disposition de la nation ; un bon nombre furent vendus ; mais cette vente fut arrêtée par le décret du 23 décembre 1790 ; et la loi du 18 germinal de l'an X, organique du Concordat, dans son art. 72, disposa que les presbytères, et les jardins attenants seraient rendus aux curés et aux desservants des succursales qui venaient d'être rétablies. Quant aux presbytères et aux églises des paroisses qui n'ont pas été rétablies, le

Brunet.   4

décret du 30 mai 1806 les attribue aux fabriques des paroisses conservées, dans l'arrondissement desquelles ils sont situés.

En présence de ces dispositions législatives, il semblerait que les anciens presbytères et les églises non aliénés par la Révolution appartinssent aux bénéfices-cures, ou au moins aux fabriques et non aux communes. Cette opinion a été partagée par Berryer, Hennequin, Odilon-Barrot, Dupin, de Vatimesnil, etc.; elle a été consacrée par divers tribunaux et cours royales, notamment par l'arrêt de la Cour de cassation du 6 mars 1836.

Après cette époque, une opinion contraire s'est formée. Sous l'influence des avis réitérés du Conseil d'Etat, surtout de celui du 31 janvier 1838, et de la circulaire du ministre de l'intérieur aux préfets du 23 janvier 1838, on adopte plus communément aujourd'hui l'opinion que les anciens presbytères, comme les églises, sont la propriété des communes, à moins que les fabriques, en ce qui concerne les presbytères surtout, ne les aient reçus en dons, ne les aient achetés ou ne les aient fait construire à leurs frais (1).

En Savoie, la situation des églises, presbytères, etc., existant avant la Révolution, a été définie après cette époque, non plus par les lois et la jurisprudence françaises, mais par le droit canonique qui, en ces matières, avait force de loi dans les Etats sardes, et reconnaissait une existence légale aux évêchés, chapitres, diocèses, séminaires, cures, bénéfices divers, avec toutes les propriétés. Les églises et cimetières adjacents, d'après le

1. V. M. Ducrocq, *Des églises et autres édifices du culte catholique.*

droit canonique, étaient *res divini juris*. Leur condition était la même que celle des anciennes *res sacræ et religiosæ* des Romains ; ces choses n'appartenaient à personne, ou plutôt on les considérait comme appartenant à Dieu même : « *Sacræ res sunt quæ rite per pontifices Deo conse-crata sunt* » (Justinien, *Inst.*, liv. II, t. 1, *De div. rer.*) : « *Quod autem divini juris est, id nullius in bonis est* » (Gaïus, D., l. 1, t. 2). Cette division des choses dura longtemps encore dans le droit. Mais, en 1728-38, un événement important avait lieu en Savoie ; on établissait, sous le nom de *Péréquation générale de l'impôt*, ce que depuis on a appelé le cadastre, et qui a servi de modèle aux créations de ce genre. Nous aurons à y revenir. Or, sur l'original de ce cadastre, l'église et le cimetière adjacent sont inscrits au nom du curé du lieu, comme le presby-tère et son jardin et tous les immeubles du bénéfice. La commune n'y figure en aucune manière.

C'était donc à cette époque le curé, comme représen-tant l'établissement de main-morte : le bénéfice-cure, qui était regardé comme le seul et unique propriétaire de tous ces bâtiments et biens fonds. A la Révolution, les biens ecclésiastiques de Savoie devinrent comme en France, propriété de la nation. Un certain nombre fu-rent aliénés, et les autres rendus à leur destination pre-mière par la loi de germinal an X. Sous la Restauration, Victor-Emmanuel Ier, publia le fameux édit qui abrogeait la législation française, et remettait en vigueur les an-ciennes lois du pays. Par cet acte souverain toute la lé-gislation française, tous les décrets, décisions, circulaires disparurent complètement avec leur jurisprudence, et toutes leurs conséquences pratiques.

On restitua les biens non aliénés ; la personnalité des établissements religieux fut rétablie, raffermie.

Dès ce jour, les églises avec les cimetières adjacents, les presbytères avec toutes leurs dépendances, s'appartiennent à eux-mêmes, comme personnes civiles, sans aucune dépendance de la commune. Prévoyant toutefois que ces établissements pourraient manquer de ressources, le roi Charles-Félix, par L. P. du 5 avril 1825, sans reconnaître aucun droit de propriété aux communes, met cependant à leur charge certaines dépenses d'entretien.

Autrefois l'administration des biens des églises et bénéfices-cures était confiée exclusivement aux curés, sous la surveillance de l'évêque. Le gouvernement sarde, estimant que cet état de choses, eu égard surtout aux changements apportés par la législation moderne, n'offrait plus assez de garantie, et s'inspirant d'ailleurs, de l'exemple donné par le gouvernement impérial en son décret du 30 décembre 1809, jugea que c'était le cas de créer aussi des conseils de fabrique.

Le Sénat souverain de Savoie y pourvut par son manifeste du 22 août 1825. Ce manifeste modifie les droits antérieurs, en séparant du patrimoine des bénéfices-cures celui des églises paroissiales, et en confiant l'administration de ce dernier aux nouveaux conseils de fabrique. La personne morale église paroissiale va s'appeler fabrique. Mais il n'est rien changé à la propriété des biens des bénéfices-cures, aucun droit n'est accordé aux communes, si ce n'est celui de présenter un membre du conseil de commune destiné à faire partie du conseil de fabrique, et la charge de couvrir le déficit du budget de la fabrique, en le portant à celui de la commune, en cas d'insuffisance de ressources.

Il est certain qu'en vertu de l'art. 1er de ce manifeste, les églises appartiennent à la fabrique, ou plutôt s'appartiennent à elles-mêmes : « Seront considérés comme formant le temporel de chaque église paroissiale les biens et avoir affectés au service du culte divin... »

L'art. 1er, 4° attribue au temporel de l'église les produits et concessions de tombes particulières, et par suite les cimetières eux-mêmes. L'art. 2 met à la charge des fabriques les grosses réparations aux églises, cimetières, presbytères. Ainsi, quant aux églises et cimetières pas de doute, ils appartiennent à la fabrique. Une question reste douteuse; celle de savoir si les presbytères sont la propriété de la fabrique ou de la cure; les derniers mots de l'art. 2. du manifeste nous font penser qu'ils sont devenus propriété de la fabrique et que la cure n'en est que bénéficiaire : « les réparations locatives des presbytères restent à la charge du bénéficier. »

L'opinion que nous soutenons a été la jurisprudence constante du Sénat de Savoie. C'est ainsi qu'il a été décidé que les cimetières et les églises inscrits à l'ancien cadastre au nom de la cure d'une paroisse, lorsqu'ils n'ont pas été aliénés pendant l'occupation française, sont restés propriétés de l'église paroissiale, et sont administrés par le conseil de fabrique (arrêt du 26 mai 1856, fabrique de Marthod). Et il en est ainsi alors même que la commune aurait fait porter le sol des cimetières à sa cote au nouveau cadastre dressé pendant l'occupation française, et quand bien même le cimetière aurait été abandonné et transféré dans un autre emplacement fourni par la commune (arrêt du 9 mars 1857, fabr. de Mercury-Gémilly) : « attendu, dit l'arrêt de 1856 que l'inscription au cadastre de l'église et du cimetière de Marthod forme en sa faveur une présomption de propriété… Attendu que l'église et le cimetière dont il s'agit n'ont pas été aliénés par le gouvernement français ; qu'ils ont incontestablement fait retour à l'église paroissiale aux termes de l'art. 1er du manifeste du 22 août 1825. »

La mise en vigueur des lois françaises en Savoie depuis 1860 n'a rien innové quant aux droits de propriété. La loi nouvelle n'a pas d'effet rétroactif. Le tribunal de Chambéry a fait récemment application de ce principe en maintenant en faveur de la fabrique de Sonnaz et au préjudice de la commune le droit de propriété de la dite fabrique sur la place située au devant de l'église et formant une dépendance de cet édifice (Trib. Chambéry, 4 février 1880. D. P. 1880, 3, 81). Un jugement du tribunal de St-Jean-de-Maurienne du 15 juillet 1887 résume la question. « Attendu que l'inscription au cadastre de 1729 au nom de la cure de St-Jean-d'Arves, forme en sa faveur une présomption de propriété qui ne doit céder que devant un titre formel ou la prescription trentenaire… Attendu que sans contester ce principe, la commune excipe d'abord que la fabrique n'est point *subrogée* à l'inscription de la cure… Attendu que l'argumentation de la demanderesse basée sur l'application en Savoie des lois révolutionnaires françaises est sans portée ; qu'il n'y a pas à examiner si à une époque quelconque les dites lois ont attribué à la commune la propriété des anciens biens de la cure ; qu'il est certain en effet que ces biens, n'ayant pas été aliénés par le gouvernement français, ont fait retour à l'église paroissiale aux termes du manifeste sénatorial du 22 août 1825. Attendu que l'art. 1er du dit manifeste dispose que les biens provenant de l'ancienne cure, ou vicariat qui n'avaient pas été aliénés, continueront à faire partie du bénéfice-cure ou vicariat ; que ce texte législatif a toujours été interprété par la jurisprudence savoisienne en ce sens que les cimetières et les églises inscrits à l'ancien cadastre au nom de la cure d'une paroisse, lorsqu'ils n'ont pas été aliénés pendant l'occupation française au *profit des particuliers* sont restés propriété de l'église paroissiale et sont administrés par le conseil de fabrique. »

Les cimetières, églises, presbytères, construits depuis la Révolution appartiennent généralement aux communes, parce que l'aliénation des biens nationaux a presque partout fait disparaître le patrimoine des établissements ecclésiastiques. Cependant dans un certain nombre de localités, surtout en Savoie, ces établissements ont pu conserver leurs biens presque intacts ; et s'ils font construire des édifices à leurs frais, ils en seront naturellement propriétaires.

La cure, la succursale, sont des personnes morales que représentent leurs titulaires (Batbie). Longtemps elles ont été confondues avec la fabrique, ou plutôt elles comprenaient cette dernière qui en a été détachée. Ils sera quelquefois difficile d'établir entre ces deux genres d'établissements et leurs patrimoines des lignes de démarcation bien exactes. Les titres seront le meilleur guide. A défaut on suivra l'usage. En Savoie, en vertu du manifeste sénatorial du 22 août 1825, art. 1er, 1° le patrimoine des bénéfices-cure, rectorats, vicariats, comprendra les biens provenant de l'ancienne cure ou vicariat, qui n'auraient pas été aliénés, ou qui n'ont pas été distraits aux termes du même manifeste pour former le patrimoine de la fabrique.

Les biens des bénéfices-cures, succursales, rectorats, vicariats, sont administrés par le bénéficier, curé, succursaliste ou desservant, recteur, etc., auquel les revenus appartiennent.

Rien n'a été innové par l'annexion en ces matières, si ce n'est que le traitement des curés et desservants et devenu fixe sans égard au revenu qu'ils peuvent percevoir d'ailleurs.

§ 3. — *Menses épiscopales ; chapitres.*

La mense épiscopale est une personne morale représentant l'évêché. Elle est administrée par l'évêque qui la représente dans les actes juridiques.

Le chapitre est une personne morale représentant la réunion des chanoines. On distingue les chapitres en *cathédraux*, qui sont attachés aux églises cathédrales ou métropolitaines, et en *collégiaux*, qui siègent dans les villes où il n'y a ni évêché ni archevêché.

Les évêchés et les chapitres de la Savoie sont-ils concordataires? peut-on supprimer le traitement de leurs titulaires? Les diocèse de Tarentaise et de Maurienne furent supprimés par suite du concordat de 1802 entre Pie VII et la République française ; ils ont été rétablis en 1825 par le roi Charles-Félix, qui a constitué la mense épisco pale, les prébendes des chanoines, de la façon que nous développerons plus bas ; ils furent confirmés par le concordat du 14 mai 1828 conclu entre Léon XII et le même roi Charles-Félix : « *Sedesque proinde episcopales Tarantasiensem et Maurianensem restituendas curavit.* » L'évêché d'Annecy avait été rétabli en 1822 ; celui de Chambéry sous le concordat de 1801. La solution des questions que nous avons posées dépend de celle que nous allons examiner et qui s'applique aussi bien aux menses, aux chapitres qu'aux cures, succursales et divers autres établissements.

Au moment de la réunion de la Savoie et de l'arrondissement de Nice à la France, le service des cultes était assuré dans les diocèses de Chambéry, d'Annecy, de St-Jean-de-Maurienne, de Tarantaise et de Nice à l'aide de cartelles, ou titres de rentes incessibles et inaliénables, inscrits sur le Grand-Livre de la dette publique et perpétuelle du trésor sarde, et que les divers établissements ecclésiastiques (menses, chapitres, cures, fabriques, séminaires, communautés, etc.,) possédaient en toute propriété. Il n'est pas inutile de savoir l'origine de ces capitaux versés dans le trésor sarde, et destinés à payer les rentes ecclésiastiques (1). De 1780 à 1820 les papes Pie VI et Pie VII, par des brefs successifs, 1795, 1797, 1798, 1815, permirent aux rois sardes Victor-Amédée,

---

1. *Documents du ministère des cultes et de l'évêché de Maurienne.*

Charles-Emmanuel IV, Victor-Emmanuel Ier, d'aliéner des biens ecclésiastiques pour la valeur d'environ 114 millions de francs. Quelques-unes de ces concessions ont été faites avec la clause que le roi restituerait ces capitaux au clergé. Cette condition est rappelée dans le concordat du 14 mai 1828 conclu entre le pape Léon XII et le roi Charles-Félix.

Les biens des couvents et des bénéfices supprimés, non aliénés, étaient administrés par l'économat royal, établi par le Concordat conclu le 5 janvier 1741 entre Benoist XIV et Charles-Emmanuel III. Après le traité de Vienne 1815, cet économat eut l'administration des biens ecclésiastiques pris, et *non aliénés* par le gouvernement français.

Lorsqu'il s'agissait de créer des rentes au profit de quelques établissements ecclésiastiques des États sardes, l'économat remettait le capital au trésor royal, et l'État donnait en échange des *cartelles* ou titres d'inscriptions de rentes sur la dette publique.

En ce qui concerne spécialement la mense de Maurienne la rente aux arrérages de 9,640 fr. a été constituée, par des transactions successives entre le roi et l'évêque (1765-68), en paiement de dettes contractées par le gouvernement envers la mense, et aussi comme prix de cession par l'évêque au roi de ses droits féodaux. Après le traité de Vienne, cette rente fut reconnue par la commission de liquidation établie à Turin ; et en 1825, lors du rétablissement de l'évêché, elle fut inscrite au Grand-Livre, en même temps que les cartelles destinées à former les prébendes du chapitre.

C'est par le concordat de 1828 que fut réglée la principale répartition, entre les divers diocèses du royaume, des biens ecclésiastiques non aliénés par la Révolution, et passés à l'État sarde en 1815 (1).

Les capitaux furent versés par l'économat dans le trésor royal, qui délivra des cartelles en échange, en restitution des biens qui avaient formé ces capitaux. C'était bien un contrat de rente perpétuelle à titre onéreux. Nous lisons dans le Concordat : « .... *ecclesiastica bona e procella præteritarum vicissitudinum erepta ad ecclesiæ patrimonium pèrtinere.... velle se omnibus suarum ditionum ecclesiis restituere quiquid ex earum censu adhuc supererat*, etc.... » Nous trouvons la même idée dans divers billets royaux adressés à la Chambre des comptes et au Directeur général des finances en 1815-16-17. La jurisprudence s'est fixée en ce sens dans un procès entre l'administration du diocèse de Maurienne contre la ville et le domaine royal, par jugement du tribunal de St-Jean-de-Maurienne du 1er juin 1858, confirmé par arrêt de la Cour d'appel de Savoie du 8 août 1859, sanctionné par arrêt de la Cour de cassation de France en 1860. La Cour de cassation de Milan qui avait été saisie de la cause, ne l'ayant pas encore jugée au moment de l'annexion, l'avait transmise à la Cour de cassation française.

Toutes ces cartelles étaient entre les mains des ayants-droit et y demeurèrent jusqu'au mois de novembre 1862. Un décret du 13 juin 1860 avait décidé que tous les titulaires ecclésiastiques de la Savoie et de Nice continueraient, jusqu'à ce qu'il y fût autrement pourvu, à rece-

1. (Bulle 14 mai 1828 : *gravissimæ calamitates*. V. *Bullaire*. V. aussi *Traités publics de la Maison de Savoie*, tome 5, p. 374.

voir leurs anciens traitements au moyen des ressources
qui y étaient encore affectées. Les cartelles possédées par
les établissements ecclésiastiques des diocèses annexés
produisaient un revenu annuel de 213,922 fr. 50 c. Le
gouvernement français avait d'abord résolu de les laisser
aux établissements qui en étaient propriétaires et d'a-
jouter à leur produit ce qui était nécessaire pour égaler
les traitements ou allocations de ces établissements à ceux
du même genre existant en France. Ce supplément était
fourni sous le régime sarde soit par le Trésor royal, soit
par les communes. Mais on craignit que le changement
de nationalité ne créât de sérieuses difficultés pour la
continuation du paiement des rentes par la Sardaigne;
en outre, il y avait là un lien qu'il était naturel de briser.
Le 14 décembre 1860, la commission chargée de l'organisation du culte dans les nouveaux diocèses, émit l'avis
qu'il convenait de leur appliquer les lois françaises pour
les traitements et indemnités, et qu'il fallait demander
aux évêques si les titulaires et les établissements ecclésiastiques consentiraient, de leur côté, à remettre leurs
titres de rentes ou cartelles aux agents du Trésor français. Le 18 décembre, le ministre de l'instruction publique et des cultes, M. Rouland, prit l'initiative des pour-
parlers par une lettre adressée aux évêques de la Savoie
et de Nice. « Il serait préférable, dit-il, que le traitement
complet fût payé par le Trésor public et qu'il encaissât
lui-même, à son profit, le montant annuel des cartelles. » Les évêques répondirent affirmativement, postérieurement au vote des populations, et il fut décidé
par décret du 28 décembre qu'à partir du 1er janvier

1861, tous les membres du clergé des diocèses annexés recevraient les traitements ou les indemnités affectés à leurs fonctions par les lois françaises, que ces traitements seraient payés intégralement sur les fonds de l'État, et que les titres de rentes ou cartelles des intéressés seraient remis au ministre des finances. Tel est le point de départ de la question qui se pose aujourd'hui. Le gouvernement français est régulièrement saisi du droit des établissements ecclésiastiques ; il les fera valoir à ses risques et périls. Il les a fait valoir. Des négociations très laborieuses s'engagèrent et une transaction intervint à Turin le 14 février 1863, par laquelle le gouvernement italien, au lieu de livrer 213,922 fr. de rentes, ne consentit à en livrer que 97,500 fr. Le gouvernement français a eu tort d'abandonner des rentes qui avaient été constituées à titre onéreux. « Le système piémontais, disait M. Hamille, directeur des cultes, n'a qu'une base, il dit : les cartelles représentent en général un traitement ; or, les traitements sont aujourd'hui à la charge de la France. Nous disons, au contraire : les cartelles sont une restitution… Tout est là. » Le gouvernement piémontais n'avait jamais refusé de reconnaitre sa dette envers les établissements créanciers ; il avait payé les arrérages, et lorsque, en 1862, il unifia sa dette, il avait déjà commencé à délivrer de nouveaux titres nominatifs. Quand il se vit en présence, non plus des établissements, mais du gouvernement français cessionnaire de leurs droits, avec la ténacité qu'on lui connaît, et profitant des dispositions par trop favorables qu'avait pour lui le gouvernement français d'alors, le gouvernement sarde voulut négocier afin d'obtenir un rabais. Mais cette générosité, qui aurait pu aller jusqu'à un abandon complet, ne doit pas nuire aux droits des cédants.

Laissons donc de côté la façon dont le gouvernement français a fait valoir ses droits en 1863 vis-à-vis du gouvernement italien et revenons au contrat qu'il a passé en 1860 avec les établissements qui les lui ont cédés. Quelle est la nature de cette convention et quelle est la situation actuelle de ces établissements vis-à-vis du gouvernement français ? Il y a d'abord un principe de droit public ; c'est celui-ci : les obligations contractées par le gouvernement d'un pays lient ses successeurs, parce que le changement de forme de gouvernement ne fait pas disparaître la personne morale, l'État, dont les gouvernements ne sont que les représentants. « Je suis solidaire de la politique extérieure de la France depuis Clovis jusqu'au comité de salut public », disait Napoléon Ier. Et ce qui est vrai des traités avec les puissances voisines, l'est également des conventions avec les particuliers ou les établissements publics de l'intérieur, érigés en personnes morales.

En outre, dans la question qui nous occupe, le gouvernement français avait le pouvoir de s'engager valablement en vertu du sénatusconsulte des 12-14 juin 1860 qui lui donne pleins pouvoirs de traiter les affaires de l'annexion.

Du côté des établissements, les bénéfices dont ils sont propriétaires et dont les titulaires ne sont qu'usufruitiers ont pour caractère essentiel l'incessibilité et l'inaliénabilité. Ce caractère résulte des lois canoniques en ces matières, lois reçues en Savoie par le pouvoir civil et transmises à la France dans les mêmes conditions. Dans la bulle du 7 août 1825 concernant les diocèses de Maurianne et Tarentaise, promulguée et sanctionnée par le roi, il est dit : « *Assignata dotatio ex fructibus locorum Montium patrimonii vacantis, provenientium ex fundis stabilibus ad hoc in tuto repositis*, etc. » Il s'agit ici de prébendes, de bénéfices ou dotations, fondés avec les biens vacants des monts-de-piété, avec des capitaux stables, posés en lieu sûr. Par suite de cette stabilité, de cette inaliénabilité des dotations ou bénéfices, ni les titulaires, ni les représentants de la personne morale, n'ont le droit de les céder, à moins qu'il n'en soit fait remploi ou échange avec d'autres biens qui garantiront la même stabilité qui prendront le lieu et place des premiers ; situation analogue à celle de l'immeubledotal de la femme mariée, art. 1559, Code civil : « L'immeuble reçu en échange de l'immeuble dotal, sera dotal. »

Le contrat intervenu en 1860 entre le gouvernement français et les établissements dotés de la Savoie et de Nice nous parait être un échange de cette nature ; les propositions du ministre traitant au nom du gouvernement et qui ont été acceptées sont ainsi conçues : « Au lieu de *déduire les arrérages* des rentes sur la dette publique perpétuelle du montant des traitements que le clergé touchera à partir du 1er janvier prochain, conformément à la loi française, peut-être serait-il préférable que le *traitement complet* fût payé par le Trésor public et qu'il encaissât lui-même, à son profit, le montant annuel des cartelles. » Ce traitement, au moins jusqu'à concurrence du montant des arrérages des rentes cédées en échange, est venu prendre le lieu et place, le caractère des bénéfices qu'il remplace ; il ne pourrait donc, dans cette proportion, être supprimé. Que s'il venait à l'être, nous rentrerions alors dans le cas de résolution du contrat pour cause d'inexécution des obligations, 1184, C. c., soit qu'on considère ce traitement d'une façon indivisible, comme l'équivalent des cartelles avec lesquelles il a été échangé, et on fait alors application de l'article 1654, C. c., concernant la résolution de la vente pour défaut de paiement du prix ; article appliqué à l'échange par l'article 1707 ; soit qu'on le considère comme dû par fractions annuelles, sous forme d'arrérages de rente ; on applique, dans ce cas, l'art. 1912, 1° : le débiteur d'une rente constitué en perpétuel peut être contraint au rachat : 1° s'il cesse de remplir ses obligations pendant deux années.

Dans tous les cas, il y aurait lieu au paiement d'indemnités. Cette doctrine n'a pas fait de doute jusqu'à ces derniers temps. En 1860, le ministre des finances disait aux intéressés : « Le gouvernement vous *assure* un traitement, si vous renoncez à vos rentes ; que si vous désirez les conserver, elles vous *seront rendues* et le traitement sera supprimé. » Depuis, la question a été portée plusieurs fois à la tribune lors de la discussion de la loi de finances. En 1876, le garde des sceaux, M. Dufaure (séance du 27 novembre) reconnait la dette du gouvernement, l'échange qui eut lieu. On possède les actes d'abandon des rentes en échange d'une promesse de traitement. En décembre 1884 (séance du 9) et en mars 1885, était discutée la suppression du traitement des chanoines ; le garde des sceaux, alors ministre des cultes, M. Martin-Feuillée, s'exprimait ainsi :

« Le gouvernement français, par suite de conventions passées avec le St-Siège, et le gouvernement italien, a mis la main sur ces rentes, les a vendues, et elles figurent aux recettes du budget... mais en échange, il s'est engagé à donner un traitement (aux titulaires) *égal* à celui des chanoines de France. Vous ne pouvez donc supprimer les traitements des chanoines de la Savoie et de Nice quand l'État français s'est approprié les titres qui leur appartenaient sans manquer aux engagements pris envers le gouvernement italien, le St-Siège, et même envers les populations. » Et en 1885 il ajoute. « Eh bien, ce qu'on vous demande aujourd'hui, ce n'est pas de déchirer une convention, c'est une véritable spoliation. » Néanmoins, la suppression fut votée dans la loi de finances du 21 mars 1885. Dès lors s'est formée une nouvelle opinion qui raisonne ainsi : Les bulles des 24 juillet 1861, et 1er décembre 1862, publiées par décret impérial du 6 juillet 1863, étendent à la Savoie et à Nice le concordat de 1801. Par suite, l'art. 11 de la convention du 26 messidor an IX et les art. 11 et 35 de la loi du 18 germinal an X s'appliquent aux diocèses de Savoie et de Nice, comme aux autres diocèses de France. On s'appuie ensuite sur ce fait que le gouvernement italien n'a consenti à livrer que 97 mille francs de rentes au lieu de 213 mille ; et que sur cette somme 56 mille ont été concédés aux établissements annexés : la différence seule 41 mille a été versée au trésor en échange d'un crédit annuel de 1 million 170 mille francs.

Brunet.   5

On ajoute que le gouvernement ne s'est engagé qu'à accorder des traitements ou indemnités déterminés chaque année par la loi de finances, susceptibles d'augmentation, de réduction et même de suppression, dans la limite de la loi de l'an X, qui ne garantit pas de traitements aux chanoines ; mais qu'il ne pouvait s'engager à garantir, soit des revenus fixes, soit l'équivalent des revenus fixes ou éventuels payés par le trésor sarde et l'économat général.

Nous répondons à la première objection que l'application du concordat a été modifiée par les conventions spéciales intervenues entre le St-Siège, le gouvernement sarde, et les contrats conclus avec les intéressés. Quant à la faveur, à la concession de 116 mille francs faite par le gouvernement français au gouvernement sarde, elle ne doit pas, nous l'avons vu, nuire aux propriétaires cédant des cartelles. Ce n'est donc pas 41 mille, mais 157 mille fr. de rentes qui ont dû être versés au trésor.

En ce qui concerne les établissements, il faut faire une distinction importante : les uns ne reçoivent pas de traitements de l'État, on leur a délivré les rentes qui leur appartenaient, soit 56 mille fr., demandés par le gouvernement français et livrés par le gouvernement sarde pour ces établissements ; ce n'est pas pour eux une concession gratuite. Les autres n'ont pas conservé leurs titres de rentes, parce que ces titres étaient affectés avant l'annexion, à des dépenses qui sont aujourd'hui à la charge de l'État. Pour ces derniers la propriété des biens de l'ancienne caisse ecclésiastique a été transférée à la France par la convention du 3 août 1863.

D'ailleurs c'est en dehors du concordat, et des traitements qu'il règle, que s'élève la question de propriété. L'art. 11 lui permet aux évêques d'avoir un chapitre sans que le gouvernement s'engage à le doter, ne défend pas à ce même chapitre de posséder, d'avoir des dotations particulières. L'application du concordat, lors de l'annexion n'a pas eu pour effet de détruire les droits acquis sous le régime ancien.

Enfin, nous avons vu que le gouvernement français pouvait s'engager en vertu du sénatus-consulte du 12 juin 1860.

Qu'il se soit engagé effectivement à garantir l'équivalent des anciens revenus, sous forme de traitement, cela résulte de l'historique des négociations que nous avons développé, de la nature même des biens objet des conventions et des actes intervenus.

Il ne s'agit pas, évidemment, des suppléments ou portions congrues de traitements, payés avant l'annexion par l'économat royal, ni des indemnités allouées par les villes et les communes.

Il ne s'agit ici uniquement que des cartelles, des titres de rentes dont les établissements étaient propriétaires, et qui n'ont été cédés qu'à la condition de la garantie des traitements ou allocations qui les ont remplacés.

Nous concluons donc que les évêchés, chapitres, et autres établissements ecclésiastiques existant en Savoie avant l'annexion en vertu des anciennes lois, sont concordataires ; et que le traitement des titulaires ne pourrait être supprimé, sans restitution de l'équivalent de leurs anciennes dotations.

Comme appendice, disons deux mots de la proprié
des édifices diocésains en Savoie et Nice, et de leur entr
tien et réparations.

Les bâtiments des évêchés sont la propriété de
mense épiscopale ; les églises cathédrales s'appartiennel
à elles-mêmes ; elles sont érigées en personnes moral
et administrées par une fabrique ; il en est de même d
séminaires, avec cette différence qu'ils sont administr
par l'évêque. L'origine de ces propriétés remonte au
bulles d'érection des diocèses, reçues par le pouvoir civ
La plus récente est celle de Léon XII du 5 août 182
rétablissant les diocèses de Maurienne et de Tarentais
(V. les §§ 4, 9 et 13). Cette propriété est confirmée par
Concordat de 1828 : « *De ædibus religiosis, statuimus*
quæ, pro piis operibus adhibentur cedant in eorum plenam
liberam proprietatem. »

Dans ces conditions qui devra pourvoir à l'entretien
à la réparation de ces édifices ?

Le gouvernement accorde des allocations dans les an
ciens départements français, parce que ces édifices appar
tiennent à l'État ; il semblerait, dès lors, qu'il ne doi
rien pour la conservation d'immeubles qui ne lui appar
tiennent pas. D'un autre côté, il paraîtrait équitabl
que les sommes votées chaque année au budget pour l'en
tretien des édifices consacrés au culte, étant payées pa
tous les contribuables, profitassent également à tous.

Le fait que des édifices pour le besoin du culte exis
taient au moment de l'annexion, a dispensé l'État d'e
construire, mais ne l'a pas exonéré de ses obligation
d'entretien.

Nous ne sommes pas dans la nécessité de choisir entre ces deux opinions, parce que la question a été réglée pra lettres-patentes du roi Charles-Félix du 5 avril 1825 encore aujourd'hui en vigueur (si ce n'est que l'État a été substitué aux communes ou aux villes). « Ayant grandement à cœur qu'il soit pourvu d'une manière fixe et invariable aux réparations à faire aux églises cathédrales, évêchés et aux églises paroissiales et presbytères dans les villes et communes de notre duché de Savoie, où l'*insuffisance* des dotations pour leur entretien peut exiger qu'il y soit suppléé par le concours des peuples qui en ressentent l'avantage : nous avons déterminé d'établir les bases sur lesquelles les administrations publiques peuvent les appeler à ce concours... Art. 1er, lorsqu'il résultera qu'il n'y a pas de moyens de pourvoir aux frais d'entretien et de réparations (des édifices sus-mentionnés) dans le duché de Savoie, soit par les fonds à ce destinés, soit par les revenus des bénéfices.., les dépenses sus-dites, nécessaires.., seront à la charge des villes et communes composant le diocèse et les paroisses respectifs. » Ces lettres-patentes furent entérinées au Sénat de Chambéry le 18 du même mois, de la même année. Depuis 1860 le gouvernement français, s'est substitué en fait aux communes, pour l'entretien et la conservation des édifices diocésains ; il pourrait, suivant nous, remettre ces dépenses à la charge des communes ; mais dans tous les cas, les communes comme l'État ne devraient une allocation, aux termes des lettres-patentes, que dans la mesure où les ressources des établissements diocésains seront jugées insuffisantes (1). La part contributive des communes pour l'entretien et la réparation des édifices paroissiaux : église, presbytère, cimetière, est aujourd'hui réglée par la loi du 5 avril 1884, art. 136, § 11, 12, 13, qui contiennent des dispositions analogues à celles des lettres-patentes du 5 avril 1825, et à l'art. 2 du manifeste sénatorial du 22 août 1825. Les communes interviendront quand les ressources des fabriques seront reconnues insuffisantes.

§ 4. — *Établissements d'instruction publique.*

En France, jusqu'en 1829, les établissements d'instruction publique avaient une existence et des ressources propres. A cette époque ils perdirent leur individualité en s'absorbant dans l'université de France. Six ans après, l'Université elle-même fut rattachée au budget général de l'État. Les lycées (anciens collèges royaux), ont conservé leur personnalité. Le lycée est représenté par le proviseur (2).

Pour la Savoie et Nice, la convention du 23 août 1860, promulguée par décret du 22 novembre porte dans son article 7 : « Les collèges et tous autres établissements publics existant dans la Savoie et l'arrondissement de Nice, et constituées d'après les lois sardes en personnes civiles, pouvant acquérir et posséder, conservent la propriété de tous leurs biens meubles et immeubles et les sommes existant dans leurs caisses au 14 juin 1860. Les

1. Ministre des cultes, 4 octobre 1886.
2. M. Batbie, *Précis de droit administratif*, p, 256.

subventions annuelles ou les bourses dont ils jouissent aux frais de l'État cesseront à la même date d'être à la charge du gouvernement de Sardaigne. »

D'autre part, nous lisons dans l'article 5 : « La France succède aux droits et obligations résultant de contrats régulièrement stipulés par la Sardaigne, pour des objets d'intérêt public concernant spécialement la Savoie et l'arrondissement de Nice. »

Tous les établissements d'instruction qui avaient à l'annexion la personnalité civile continuent donc d'exister avec tous leurs droits acquis ; les charges qu'avait envers eux le gouvernement de Sardaigne passent à l'État français. Les écoles secondaires ecclésiastiques sont régies par l'art. 70 de la loi du 15 mars 1850, c'est-à-dire qu'elles sont maintenues telles qu'elles existaient.

Relativement aux biens possédés par ces écoles peuvent s'élever des difficultés, parce qu'elles ont passé successivement à différents propriétaires en vertu de dispositions législatives successives. Nous voyons en effet des décrets impériaux concédant aux communes des bâtiments d'anciens couvents pour y établir des écoles secondaires (1). A côté et dans les mêmes bâtiments, on créait des pensionnats ou petits séminaires qui coexistèrent jusqu'en 1860. A la Restauration sarde, un billet royal du 27 juin 1815 révoqua toutes les concessions impériales, ordonna que tous les biens nationaux non aliénés à titre onéreux seraient remis entre les mains du

1. Décrets du 17 messidor, 14 fructidor an XII. Écoles secondaires de Saint-Jean-de-Maurienne et Moutiers.

domaine royal qui les administrerait provisoirement, et qu'ensuite ils seraient rendus à l'économat général pour être par lui restitués aux légitimes propriétaires ; ces dispositions furent appliquées à la Savoie par un autre billet du 19 novembre 1816.

Survint alors le Concordat du 14 mai 1828 qui statua que tous les biens de provenance ecclésiastique employés (à sa date) à des œuvres pieuses (*quæ pro piis operibus adhibentur*) deviendraient la pleine et libre propriété de ces œuvres (*cedant in eorum plenam et liberam proprietatem*). Ce concordat, adressé au Sénat de Savoie par billet royal du 8 juillet 1828 fut enregistré, ce qui était alors la façon de promulguer les lois relatives aux matières ecclésiastiques pour lesquels le Sénat seul était compétent (1). Il avait donc force de loi. C'était un arrangement définitif (*assestamento*) des affaires ecclésiastiques dans les États de terre ferme. Il s'agit de savoir ce qu'il faut entendre par œuvre pieuse ; les petits séminaires, qui ne sont qu'une dépendance du séminaire diocésain, pour les premières études de ceux qui se destinent à l'état ecclésiastique, remplissent évidemment cette condition (1). Le concordat n'exige pas une possession qualifiée ou civile ; il n'exige même pas une vraie détention mais seulement un emploi à usage pieux, pour l'acquisition de la propriété. Les autres biens de provenance ecclésiastique, même ceux possédés par les communes, sont laissés à la disposition du gouvernement : *quæ nulli ecclesiastico pioque usui hactenus fuerunt addictæ, illarum*

2. *Recueil officiel des traités de la maison de Savoie*, t. V, p. 374

proprietatem Majestati Tuæ libenter concedimus. Les anciens édifices religieux non aliénés et occupés par des établissements civils demeurent la propriété de l'État. Toute cette doctrine est remarquablement établie dans un arrêt de la Cour d'appel de Savoie du 8 août 1859, dans un procès intenté par le domaine royal et la ville de Saint-Jean-de-Maurienne contre l'administration du séminaire. La Cour a donné gain de cause à ce dernier (1).

Le domaine prétendait, à l'encontre de la ville, qu'il était propriétaire des anciens biens nationaux ; que les concessions impériales étaient gratuites et avaient été révoquées ; à l'encontre du séminaire, que les immeubles concédés avaient été détournés de leur destination. La ville soutenait que le décret de messidor lui avait cédé la propriété à titre onéreux, puisqu'il y avait des charges ; que par conséquent les révocations par billets royaux n'avaient pu préjudicier aux droits des tiers.

Mais le domaine royal oubliait qu'en 1815 on ne lui laissa que l'administration provisoire des anciens biens ecclésiastiques ; et la ville que la concession lui avait été faite à titre gratuit (les charges de l'instruction publique n'étant pas une valeur vénale), et que ces sortes de concessions avaient été révoquées. A l'annexion rien n'a été changé à cette situation.

1. M. A. Greyfié, *Conclusions.* Chambéry, imprim. gouvern., 1859.

§ 5. — *Congrégations religieuses.*

Nous n'avons pas l'intention d'entrer dans les nombreuses et savantes discussions auxquelles ont donné lieu les décrets du 29 mars 1880, nous n'avons qu'à nous demander quelle est la situation juridique des congrégations dans les pays annexés, si elles subissent la loi commune, ou bien si elles ont conservé une situation spéciale en vertu des droits acquis avant l'annexion. Doit-on considérer les lois françaises sur ces matières, comme étant d'ordre public ? alors les droits acquis devront fléchir ; toute la question est là. L'ordre public en France admet l'existence de communautés religieuses, même d'hommes, à la charge d'une autorisation préalable. Faudra-t-il considérer comme prohibée toute communauté religieuse appartenant à un ordre non reconnu en France ? Oui, si cette communauté n'avait pas une reconnaissance, une autorisation acquise avant l'annexion (en admettant, bien entendu, qu'il existe réellement en France des lois prohibitives). Que si, au moment de l'annexion, la corporation avait une existence légale, cette existence est reconnue en France en vertu de l'article 7 de la convention du 3 août 1860 déjà cité : les établissements publics constitués d'après les lois sardes en personnes civiles, conservent leurs propriétés. Il faut donc se reporter aux lois sardes pour savoir si les congrégations établies en Savoie et à Nice ont une existence légale.

La situation juridique du clergé régulier, des moines,

était à peu près la même en Savoie avant l'annexion qu'en France avant la Révolution. La société civile reconnaissait les vœux solennels et volontaires de pauvreté, chasteté et obéissance, à la condition que l'ordre religieux fût reconnu dans l'État; elle leur donnait force exécutoire, et les sanctionnait par des incapacités qui étaient une véritable mort civile, une *maxima capitis minutio*. Le vœu de chasteté emportait renonciation au mariage; celui d'obéissance produisait un véritable état *alieni juris*; et vis à vis du monastère, de la communauté personne civile qui absorbait les religieux, les tenait en sa puissance, naissait une situation analogue à celle de l'esclave romain vis à vis de son maître. Par le vœu de pauvreté, le religieux devenait incapable d'acquérir, de transmettre par donation, testament, succession ou autrement. Sa succession était ouverte, il était mort pour le monde. On lui permettait cependant un léger pécule. Mais la communauté, représentée par l'abbé, acquérait, possédait, estait en justice, était capable de tous les actes de la vie civile. Dans le dernier état du droit, ces dispositions sont contenues dans les articles 172, 180, 188, 714, 715, 923, 977, 978, 1153 et autres du Code civil de Charles-Albert de 1838. Par l'annexion, ces dispositions ont disparu, parce que les lois françaises qui ont supprimé autrefois des dispositions semblables sont des lois d'ordre public. Pour les religieux dont la communauté est reconnue et continue d'exister, cette suppression de la mort civile n'a pas d'inconvénients; mais quant à ceux qui appartiennent à des ordres qu'on voudrait supprimer ou qui pourraient l'être, le fait de la suppression les priverait de domicile et d'aliments. Ces religieux, en effet, n'ont pu réclamer une part d'héritage, et leur propre succession s'est ouverte et a été partagée. Il y a là une situation à laquelle on serait obligé de pourvoir. La convention du 23 août 1860, dans son art. 3, avait réglé cette situation pour une catégorie de religieux ou ecclésiastiques, dont les établissements et bénéfices avaient été anéantis en vertu d'une loi célèbre du 29 mai 1855 dite « d'incamération ».

Cette loi avait supprimé certaines maisons de religieux reconnues par l'Etat, certains chapitres et bénéfices dont elle a incaméré, (de là son nom), ou confisqué les biens au profit de l'Etat, représenté par une caisse ecclésiastique (2). L'art. 9 porte que les religieux de chaque ordre disparu continueront de vivre en commun, selon leur institution, dans les bâtiments qu'ils occupent... lorsque par suite d'extinction, les religieux d'un ordre atteint par la loi ne pourront être réunis au nombre de six au moins aux termes de l'art. 15, une pension de 500 fr. pour les profès et de 258 fr. pour les convers, sera servie par la caisse et augmentée progressivement avec l'âge. L'art. 3 de la convention précitée transfère à la France la propriété des biens attribués à la caisse ecclésiastique, et ayant appartenu à des établissements de la Savoie et de Nice.

Les pensions, allocations ou revenus alloués aux ecclésiastiques ou religieux vivant en commun ou séparément, seront à la charge du gouvernement français...

1. Mémoire de M. Arminjon. Rétaux. Abbeville, 1885.

Il faudrait en des circonstances semblables prendre des dispositions analogues.

Quels sont les ordres religieux qui ont été atteints par la loi de 1855. L'art. 1er est ainsi conçu :

« Cessent d'exister comme êtres moraux reconnus par la loi civile, les maisons d'ordres religieux existant dans les États, qui ne s'adonnent pas à la prédication, à l'enseignement ou à l'assistance des malades. L'état des maisons frappées par cette disposition sera publié par décret royal, joint à la présente loi. »

Cette loi, comme celle des 13-17 février 1790 et 17 nivôse an II, anéantissait la communauté, l'ordre religieux comme personne civile, mais n'interdisait pas la congrégation, ne défendait pas de vivre en commun ; elle ne supprimait pas la liberté d'association (1).

Le décret royal qui a suivi cette loi et qui porte la même date du 29 mai 1855, a donné lieu, comme les décrets du 29 mars 1880 en France, à des expulsions par la force, à de nombreux procès. Il devait, aux termes de l'art. 12 de la loi, spécifier les maisons tombant sous le coup de la loi ; il se borna au contraire à désigner en bloc les ordres religieux qui, dans la pensée du pouvoir exécutif, devaient être atteints par la loi de suppression. Parmi les ordres visés, plusieurs étaient manifestement adonnés à la prédication d'après les termes de la loi. Tels étaient les Dominicains, les Oratoriens et les Capucins (2).

Les Capucins se prévalurent du texte de la loi devant les tribunaux civils. Il n'y avait pas en Savoie de juridic-

1. M. Lefèbvre, à son cours.
2. M. Descôtes, *Référés de Thonon*, Fribourg, 1881.

tion extraordinaire ni de tribunal des Conflits ; toutes les questions touchant au droit des personnes et à la propriété étaient de la compétence des tribunaux civils, et l'article 25 du code civil assimilait aux personnes les corps moraux. Aucune exception d'incompétence ne fut soulevée (1).

Le 29 mars 1856 le tribunal de Bonneville rendit un jugement établissant que la loi du 29 mai 1855 dans son article 1er avait donné au gouvernement un mandat limité, dont ce dernier ne pouvait sortir que par excès de pouvoir.

« Attendu que bien que ce même article porte que l'état des maisons frappées par cette disposition sera publié par décret royal conjointement avec la loi, il n'en est pas moins vrai que le décret, qui ne devait être que l'application de cette dernière, ne peut ni ne doit avoir une *force juridique et légale* qu'autant qu'il serait conforme à cette même loi et n'excéderait pas ses limites, condition essentielle sans laquelle il ne pourrait être considéré comme partie intégrante de la loi. Qu'admettre le contraire, ce serait conserver ce que la loi elle-même textuellement n'a pas voulu, et bien mieux ce qu'elle ne pourrait même pas vouloir suivant le droit constitutionnel qui nous régit, d'après lequel le roi comme chef du pouvoir exécutif a bien le droit de faire des règlements pour l'exécution des lois, mais sans pouvoir changer, modifier et abroger ces dernières, à moins que ce ne soit avec le concours des deux Chambres et du Sénat. » Le décret était donc illégal.

1. MM. Arminjon et Descôtes.

Appel fut porté devant la Cour de Chambéry et repoussé le 6 août 1859. Le directeur de la dette publique forma un pourvoi en cassation, il était facile d'en prévoir l'issue.

La Cour de cassation de Turin, décidait au contraire, que la loi avait donné au gouvernement un mandat de confiance et sans contrôle, lui laissant le soin d'étendre l'application de la loi aux ordres et maisons considérés par lui comme tombant sous son application. Cet arrêt n'empêcha pas les tribunaux de persévérer dans la même doctrine. Le 4 février 1860 le tribunal de Chambéry rendit un jugement reconnaissant les Capucins comme ordre prédicant (ce qui est dit-il de notoriété publique) et par suite compris dans l'exception portée en l'art. 1er de la loi du 29 mai 1855. Il dit et déclare « que la maison et le clos des Capucins, situés à Chambéry, sont et n'ont pas cessé d'être la propriété des demandeurs, comme composant la personne morale de la maison des Missions de Chambéry, et imposant silence perpétuel à la Caisse ecclésiastique la condamne aux dépens, »

Ce jugement est passé en force de chose jugée, parce que l'instance d'appel était encore pendante devant la Cour quand survint l'annexion. Le gouvernement français ne voulut pas prendre le lieu et place du gouvernement piémontais, et pour mettre fin à toutes ces poursuites, le 28 décembre 1860 fut rendu un décret-loi ainsi conçu :

« Vu le décret royal annexé à la loi du 29 mai 1855 ;

...Voulant faire cesser les litiges auxquels l'application de ce décret a donné lieu et qui, à la suite de décisions judiciaires contradictoires sont encore pendants devant

les tribunaux de la Savoie, avons décrété et décrétons c
qui suit : Art. 1ᵉʳ. « Sont abandonnées les poursuites e
revendication de propriété intentées au nom de l'ancienn
Caisse ecclésiastique de Savoie contre les Mineurs Capu
cins, les Cisterriens, les Carmélites et les Augustines. [1]

Art. 2. — « Ne pourront, toutefois, lesdits... se prévaloi
des termes du présent décret, comme impliquant la re
connaissance par notre Gouvernement de l'existence ci
vile de leurs communautés respectives ». Ce décret ne donn
pas la personnalité civile, il ne l'enlève pas non plus ; i
prend les corporations religieuses telles qu'elles exis
taient à la date de l'annexion, sans rien ajouter aux con
ditions de l'existence juridique, mais aussi sans rien re
trancher de ce qui était compatible avec les règles du
droit public français. Or le Gouvernement Piémontais par
le fait seul qu'il engageait une instance contre la com
munauté religieuse, réclamant contre elle l'application
de la loi du 27 mai 1855 qui visait les seuls Ordres reli
gieux ayant la qualité d'être moraux reconnus par la loi
civile; par le fait qu'il demandait à la faire anéantir en vertu
de la loi, reconnaissait par là même son existence. Ce
n'est pas ainsi qu'on eût procédé en face d'une existence
de fait simplement tolérée. D'ailleurs l'existence de fait,
la tolérance de l'État, n'avaient aucun sens en Savoie
avant l'annexion, comme en France avant 1789 ; aucune
société, aucune institution religieuse n'était constituée en
dehors du droit civil.

L'existence d'une religion d'État, l'alliance intime du

1. M. Arm. *loc. cit.*

droit civil et du droit canonique, rendaient le pouvoir civil encore plus vigilant, plus jaloux de ses prérogatives. L'existence de fait n'aurait jamais été tolérée. L'application aux religieuses des déchéances dont les frappait le code civil, suppose évidemment une existence légale. D'où nous pouvons conclure sans crainte de nous tromper que toutes les maisons religieuses existant en Savoie au moment de l'annexion, non comprises dans la loi d'énumération de 1855, et dont les statuts n'ont rien de contraire à l'ordre public en France, ont aujourd'hui une existence légale. Ceci n'a jamais fait de doute non plus pour le gouvernement français, qui a porté leurs immeubles au rôle de la main-morte, les a inscrites au nombre des communautés autorisées, et ne les a pas soumises aux décrets du 29 mars 1880. Les maisons supprimées par la loi de 1855 sont régies par l'art. 3 de la convention du 23 août cité plus haut. Que si en vertu de la même loi on voulait en supprimer encore, il faudrait se conformer aux prescriptions de la loi et de la convention qui assure aux membres des congrégations dispersées des ressources et un domicile. L'opinion qui est communément adoptée a trouvé une contradiction dans un arrêt de la Cour de Chambéry du 7 février 1884. Il s'agissait de savoir si les Capucins avaient le droit de quêter, et à ce propos, l'arrêt de la Cour contient une longue dissertation sur leur existence légale qu'elle remet en question. Nous ne pouvons citer tous les attendus de cet arrêt. Il nous suffira d'en donner un résumé le plus court possible.

« Le Sénat de Savoie avait un pouvoir de souverain contrôle sur les personnes et les choses religieuses... Des

lettres-patentes du 9 mai 1678 de Marie-Jeanne-Baptiste
régente de Savoie, d'autres du 16 mai 1716 de Victor
Amé, sont entérinées à la vérité, mais elles ne concèdent
que le droit de quête.

On n'aurait pas eu besoin de ces concessions spéciales
si la communauté avait existé légalement; parce qu'elles
auraient existé de plein droit en vertu du statut fonda-
mental de l'ordre. L'existence n'était donc que de fait
acceptée, tolérée, protégée même, mais non légale. La
fondation de l'ordre des capucins en Savoie par Emmanuel-Philibert en 1576, leur existence reconnue par arrêt
du Conseil d'État ducal, ne peuvent être produites en
original ; elles auraient d'ailleurs été annulées par les
édits précités. Les ventes consenties par les rois en 1818,
1846, faites d'ailleurs sans pouvoir, n'impliquent pas autorisation, le Sénat y étant resté étranger. Cette autorisation cût-elle existé aurait pris fin avec la loi de 1855.
Le jugement du 4 février 1860 étant frappé d'appel, n'a
pas autorité de chose jugée. Le décret de 1860 ne reconnaît pas l'existence légale ; les congrégations avaient demandé l'autorisation. Les décisions judiciaires ont d'ailleurs été cassées à Turin (20 mars 1857, 1er mars 1858).»
Cet arrêt contient des inexactitudes et des erreurs. Il est
inexact que le Sénat de Savoie eût un pouvoir souverain.
Sa situation était exactement la même que celle du Parlement de Paris, qui avait le droit de faire des *remontran-
ces*, et en cas de résistance le roi le forçait à enregistrer
ses édits par des lettres de jussion (Constitutions royales
de 1729, art. 8, chap. I, liv. I et Const. de 1770). Il n'y
avait à cette époque d'autre souverain que le roi. La for-

mule précédant les lois était celle-ci : « De notre certaine science, pleine puissance, et autorité royale ». Les lettres se terminaient par cette autre : « Car ainsi nous plaît » ou « telle est notre volonté ». Comme le Parlement de Paris, le Sénat de Savoie voulait s'arroger un véritable pouvoir législatif, mais les rois ont toujours repoussé cette prétention. D'ailleurs avant l'édit de 1627 et les règlements de 1723 et 1730 prohibant tout nouvel établissement de maisons religieuses sans la permission du souverain enregistrée par le Sénat, cette formalité n'était pas nécessaire. Au XVIᵉ siècle, sous les réserves apportées par la législation de chaque pays, les dispositions du droit canonique relatives aux ordres religieux étaient partout de droit commun. La profession religieuse, la vie conventuelle constituaient de plein droit un état juridique auquel étaient attachées dans la vie civile les conséquences du plus grave intérêt (1).

Les fondations qui eurent lieu après cet édit furent enregistrées par le Sénat, notamment celle du couvent de Thonon en 1602. Quant aux lettres-patentes de 1678 et 1746 elles garantissent aux capucins « la liberté de continuer leurs quêtes comme par le passé, selon l'institut de leur ordre... voulant qu'ils jouissent de tous les privilèges appartenant à leur ordre et qu'ils ont en vertu des concessions des souverains pontifes. » Ces lettres, nous semblent, contrairement à l'avis de la Cour, apporter par elles-mêmes la présomption d'une autorisation antérieure. La Cour dit : « Si les capucins existent ils ont le droit de

1. M. Aminjon, *loc. cit.*; Domat, *Lois civiles*, sect. II, § 13 ; Dalloz, *Culte*, 402, 405.

quêter ». À ceci on répond : « Les capucins quêten[t] donc ils existent... D'ailleurs on ne concède rien à ce q[u] n'existe pas » (1).

En prétendant que l'ordre n'était que toléré et accept[é] dans l'État, la Cour se contredit elle-même. D'abord le[s] deux mots ne vont pas ensemble ; accepté veut dire reç[u] autorisé... ; puis elle dit elle-même dans un attend[u] « qu'il était défendu à tous syndics, conseillers, officier[s] etc., des villes, bourgs, villages d'admettre ni de recevoir même sous prétexte d'hospices, aucune famille de reli[-] gieux ou religieuse de quelque ordre, compagnie ou con[-] grégations qu'elle pût être, sans une permission express[e] du souverain, vérifiée, enregistrée par le Sénat (Édits de 1627, 1723, 1730). Ceci nous paraît incompatible avec la tolérance. Les ventes ou cessions consenties en 1818 et 1846 par les rois ont été enregistrées non pas au Sénat qui était incompétent, mais à la Chambre des comptes ce qui était conforme aux constitutions de 1770 (liv. XI, titre I, chap. I) s'agissant de l'aliénation d'un bien du domaine de l'État, et à l'art. 7 du Code civil de 1838.

Il n'y a pas eu demande d'autorisation en 1860. Le mé[-] moire visé par la Cour énonce le contraire (2).

SECTION IV

Cadastre.

Le cadastre est un registre public, contenant en déta[il] l'état estimatif et descriptif des parcelles qui compose[nt]

1. M. Arm.
2. *Mémoire du comte Greyfié de Bellecombe*, p. 6 et 8.

la propriété foncière. L'expression, suivant MM. Walter (de Bonn), et Baudi di Vesne (de Turin) vient de *capitastrum*, mot latin de la décadence, qui dérive lui-même de *capita*, *caput*, tête. L'empire romain était divisé en districts financiers, et chaque district, appelé *civitas*, se partageait en un certain nombre de sous-divisions formant l'unité imposable, et appelées *capita*, *caput* ; d'où est venu le mot latin du Bas-Empire : *capitastrum*.

Le cadastre a été créé pour servire de base, d'assiette à la répartition de l'impôt foncier. Mais ce n'est pas là sa seule utilité. Il pourrait encore, et avec bien plus de raison que la transcription de la loi de 1855, être appelé *l'état civil* de la propriété foncière, parce qu'il contient toutes les mutations de propriété immobilière, non seulement entre-vifs, comme le registre des transcriptions de la loi de 1855, mais encore les mutations à cause de mort, et donne ainsi la filière complète des transmissions de chaque immeuble, avec les noms des personnes auxquelles cet immeuble a appartenu.

L'art. 6 du décret du 24 août 1860 dispose que la loi du 23 mars 1855 sur la transcription, ne sera exécutoire que le 1ᵉʳ juillet 1861. Par conséquent, tous les actes translatifs de propriété immobilière, ou constitutifs de droits réels, passés en Savoie et à Nice avant cette date, sont valables, quoique non transcrits, même vis-à-vis des tiers qui ont acquis des droits réels sur ces immeubles et les ont conservés en se conformant aux lois (art. 3, loi de 1855).

Mais il faut tenir compte de l'inscription au cadastre avant 1860, de ces actes translatifs et constitutifs de

droits réels, inscription qui, nous le verrons ci-apr[è]
était une présomption de propriété vis-à-vis de tout[le]
monde, des contractants comme des tiers de toute n[a]
ture. La preuve contraire était admise. Il eût été bi[en]
facile de ne point admettre cette preuve vis à vis des tie[rs]
de la loi française de 1844, et ainsi le cadastre fût deve[nu]
le véritable état civil de la propriété foncière. En mê[me]
temps qu'il servait d'assiette à l'impôt foncier, il eût re[m]
pli complètement le but de la loi de 1855, et d'une faç[on]
bien plus économique et plus commode. (1)

Le cadastraire eût rempli le rôle du conservateur d[es]
hypothèques, et la transcription eût été bien plus à [la]
portée de ceux qui ont journellement besoin de consult[er]
les registres, au lieu de se déplacer au chef-lieu de l'a[r]
rondissement, chacun eût pu trouver dans sa commu[ne]
tous les renseignements sur un immeuble déterminé. O[n]
objectera peut-être que le cadastre n'aurait pu, comme[le]
registre des transcriptions de la loi actuelle, transcri[re]
en entier l'acte translatif ? Mais sous le régime sarde cet[te]
objection ne porte pas, parce que, comme nous l'avo[ns]
vu les actes translatifs et constitutifs de droits réels de[-]
vaient d'abord être passés par acte authentique (ar[t.]
1412, 1°), ce qui était une garantie contre les faussaire[s]
puis devaient être insinués (enregistrés), non pas simple[-]
ment par extrait, mais au moyen d'un dépôt que faisa[it]
le notaire d'une copie textuelle entière de l'acte, aux ar[-]
chives de l'arrondissement d'insinuation (art. 1422 cod[e]
sarde, édit du 28 avril 1610). Et c'est bien plutôt le rôl[e]
de l'enregistrement de s'occuper de la conservation de[s]

1. V. *Du Cadastre de la France*, par Rezzonico, Milan, chez Be[r]
nardoni, 1847.

actes, même en entier. Cet édit de 1610 sur les archives de l'insinuation, unique en Europe, a été loué à l'égal du cadastre de 1729, dont il forme le complément nécessaire (1).

On aurait pu faire faire un pas de plus à ce cadastre et il eut rempli le but de la loi française de 1855. Nous signalons cette réforme. L'idée n'en est pas complètement absente de la législation française.

Nous trouvons dans l'art. 12 de la loi du 13 brumaire de l'art. VII sur l'enregistrement, une présomption de mutation de propriété attachée à l'inscription cadastrale, présomption suffisante vis à vis de l'administration de l'enregistrement pour lui permettre la poursuite du paiement du droit contre le nouveau possesseur.

Qu'on attache des effets juridiques aux mutations insérées dans le cadastre, qu'on soutienne le défaut d'accomplissement de cette formalité par des dispositions analogues à celles de la loi sur la transcription, et cette dernière formalité, du moins pour la transmission de la propriété immobilière, se trouve avantageusement remplacée.

Il y avait quelque chose des dispositions de cette nature, dans le célèbre édit de septembre 1733 portant le titre de : « *Péréquation générale* », et qui venait confirmer la création et les opérations du cadastre en Savoie, ordonnée par un édit du 9 avril 1828. On a parlé avec admiration de ce cadastre. Il contenait en effet les principales dispositions qui depuis ont été universellement

1. Il n'y aurait eu qu'à sanctionner par une nullité quelconque le défaut d'enregistrement.

adoptées. « L'établissement du cadastre », dit la Cour de Chambéry (1), « est l'un des actes les plus importants et les plus utiles du règne de Victor-Amédée II, signalé par les économistes les plus autorisés comme un modèle en son genre, et a été notoirement entouré d'un soin particulier et des précautions les plus minutieuses ».

. Le cadastre est accompagné d'une mappe, soit carte topographique ou plan parcellaire de chaque territoire, où sont figurées toutes les parcelles de diverse nature, sur une échelle de 1 sur la mappe, pour 2372 sur les terrains.

Il est divisé en sections, qui portent le nom de mas (masses de culture). Le mas est désigné par le nom du lieu où il est situé, et non par la lettre alphabétique, qui dans le cadastre français, désigne la section.

Ainsi on dira : « Mas de la Tour » au lieu de section A. Chaque mas ou section contient les parcelles, avec indication du nom du propriétaire, du numéro, de la situation, de la contenance et des revenus des propriétés.

Nous ne pouvons détailler ici la façon dont on a procédé aux opérations cadastrales en 1729 ; qu'il nous suffise de dire qu'on n'a rien négligé pour en faire une œuvre aussi satisfaisante que possible. C'est du reste, à peu près la méthode qu'on a suivie en France en vertu des lois de 1790-91, et de la loi du 15 septembre 1807 ; il n'y a que quelques différences de détails et de dénominations.

Après l'opération ne la mensuration, la mappe du territoire de chaque commune était exposée, et on satisfai-

1. Arrêt du 15 mars 1861. *Journal de la Cour*, t. 1, p. 158.

sait à tout ce que les communautés ou les particuliers signalaient comme devant être redressé.

On a fait procéder à l'estimation du revenu par deux estimateurs nommés par chaque paroisse, et par un autre nommé d'office. « Les deux premiers étant du lieu, étaient bien informés; l'autre n'en étant pas, ne pouvait être suspect. » Pour empêcher les abus, des réviseurs furent adjoints aux estimateurs. Ils furent chargés de veiller sur la conduite de ces derniers, de conférer avec eux, de se faire rendre compte des avis émis par les estimateurs touchant les degrés de bonté du fonds, son revenu, avec ordre d'avoir toujours attention à ce qu'on gardât une mesure égale entre toutes les paroisses d'une égale bonté, et une juste proportion avec toutes les autres. Les réviseurs étaient aussi obligés de se transporter de temps en temps sur des pièces à leur choix, pour juger par eux-mêmes si les estimateurs des paroisses et d'office avaient fait leur devoir et suivi les règles qu'on leur avait prescrites, de verbaliser ensuite avec serment entre les mains des délégués nommés pour tenir main à l'exécution de ces ordres (Edit de 1738).

Au cadastre est annexé le livre des mutations qui porte le nom de livre de transport. « Afin que l'on puisse toujours vérifier la cote, et les pièces qui changeront de possesseur, et les particuliers auxquels elles parviendront, ordonnons aux administrateurs de tenir un livre à part, numéroté, et d'y inscrire le nom de tous ceux qui en auront fait l'acquisition, en y rapportant à leur colonne, par numéro, mas et contenance, les pièces acquises, soit en entier, soit en partie, le titre d'acquisition, la colonne et le feuillet du cadastre dont elles seront distraites, en y désignant les confins. Lesdits administrateurs seront en même temps chargés d'annoter au cadastre et à la marge des pièces parvenues aux nouveaux possesseurs, la colonne et le feuillet du livre où elles se trouveront rapportées ; la même annotation sera faite à la marge des pièces rapportées audit livre, s'il arrive qu'elle change nouvellement de possesseur. »

Après ces obligations précises imposées aux administrateurs, les particuliers vont-ils demeurer libres de déclarer ou non les transmissions de propriétés qu'ils auront opérées ? Pour l'inscription au cadastre ou au livre français des mutations, la seule sanction est celle-ci : « Tant que la note de chaque mutation de propriété n'aura pas été inscrite au livre des mutations, à la diligence des parties intéressées, l'ancien propriétaire continuera d'être imposé au rôle, et lui ou ses héritiers naturels pourront être contraints au payement de l'imposition foncière, sauf leur recours contre *le nouveau propriétaire* » (art. 30 de la loi du 3 frimaire de l'an VII). Cette simple réserve au profit du fisc n'influe en rien sur l'acte juridique qui a transféré la propriété ; il y a un nouveau propriétaire.

L'art. 4, 3ᵉ alinéa, de l'édit de 1738, contient pour le cadastre de Savoie une disposition bien plus grave, et qui a des conséquences juridiques considérables : « Tout acquéreur de biens cotisables, tant par contrat que par disposition de dernière volonté ou autrement, devra, dans le terme d'un mois après qu'il en aura pris possession, exhiber le titre de son acquisition au conseil de la communauté, et en tirer un acte pour le transport desdits biens à sa propre colonne ; à défaut de quoi le domaine *ne sera pas censé transféré*, etc. » Vis-à-vis du fisc, le domaine n'est pas censé transféré ; ce n'est pas une simple réserve de poursuites contre l'ancien propriétaire, sauf à ce dernier à recourir contre son ayant-cause, comme dans la loi de l'an VII, mais bien un droit réel atteignant l'immeuble, malgré son transfert : « la communauté pourra agir pour le paiement des charges, sur les biens et sur les fruits. » Le fisc est ici le tiers de l'art. 3 de la loi de 1855, qui a des droits sur l'immeuble, et auquel, jusqu'à la formalité de la transcription (ici transport ou mutation), on ne peut opposer les actes translatifs de propriété. Cette présomption de non-transfert de propriété est absolue à l'égard du fisc. Doit-on l'étendre aux autres tiers, qui auraient acquis des droits sur l'immeuble ; à un second acheteur par exemple, auquel l'ancien propriétaire aurait revendu l'immeuble, et qui aurait fait la mutation cadastrale? On n'est pas allé jusque-là ; la preuve contraire est admise ; mais dans tous les cas, l'inscription, soit au cadastre, soit au livre des transports, est une présomption de propriété, non-seulement à l'égard des tiers, mais même *entre les parties contractantes.* Cette présomption ne tombe que devant un titre contraire ou une prescription acquisitive.

Les constitutions royales de 1729, contemporaines de la confection du cadastre, contenaient déjà des dispositions semblables à celles de l'édit ; celles de 1770 les ont confirmées (liv. VI, titre IV § 6) ; sans ces formalités « le domaine ne sera pas censé transféré » ; et elles ajoutent une amende de vingt écus.

Enfin, l'édit du 22 décembre 1818 et les lettres-patentes du 8 janvier 1839 suppriment même le mot *censé* « et le domaine ne leur est pas transféré. »

Si les formalités ci-dessus prescrites sont accomplies, la propriété est transférée. Néanmoins la preuve contraire est réservée. Ça été la doctrine et la jurisprudence constante des tribunaux de Savoie avant 1860 : (Cour d'appel de Savoie ; arrêts du 26 mai 1856 ; 9 mars 1857). L'annexion n'a rien changé à l'état de choses existant. Le cadastre de 1729 est resté en Savoie la base de la répartition de l'impôt foncier ; il a continué à faire foi dans le droit civil comme présomption légale de propriété pour toutes les inscriptions antérieures à 1860 : (Cour de Chambéry, 15 mars 1861 ; 11 février 1862 ; dans le *Journal de la Cour*, 61, p. 158 ; 62, p. 109. — Tribunal de Chambéry, 4 février 1880. Dalloz, 80, 3, 81 ; — Saint-Jean de Maurienne, 15 juillet 1887 ; 29 novembre 1889). Nous lisons dans l'avant-dernier des jugements cités : « attendu que l'inscription au cadastre de 1779 sert de titre et que ce titre ne doit céder que devant la preuve résultant d'un titre contraire, non de simples présomptions de fait ». Le dernier jugement ne fait céder la présomption que devant une prescription acquisitive. (Commune de Saint-Jean-d'Arves contre Fabrique, même lieu ; et contre commune de Villarembert).

TITRE III

Droit pénal.

Ce titre comporte peu de développements, parce que d'une part, toutes les lois pénales d'un pays sont essentiellement d'ordre public ; celles qui régissaient les pays annexés disparaissent complètement pour faire place aux lois de l'Etat annexant (Décret des 12-18 juin 1860, art. 1er) ; d'autre part, les questions pénales auxquelles donne lieu nécessairement une annexion sont transitoires et ne présentent plus guère d'intérêt pratique. Les crimes et délits qui auraient été commis avant l'annexion, soit sur le territoire annexé, soit par des sujets devenus français, s'ils n'ont pas été poursuivis, sont couverts par la prescription. Nous ne citerons que pour mémoire quelques décisions rendues sur cette matière pendant la période transitoire ; elles sont intéressantes à cause des principes de droit pénal international qu'elles affirment. La Cour de cassation dans un arrêt du 4 janvier 1861 (1) casse un arrêt de la Cour d'assises de la Savoie du 1er décembre 1860 qui avait violé ce principe « qu'un fait commis sous l'empire d'une législation étrangère n'est punissable en France qu'autant qu'il a été prévu dans les deux législations ». Si l'une de ces deux législations contient une disposition plus favorable à l'accusé, c'est dans les termes de cette disposition qu'il faut poser la question au jury, à peine de nullité.

1. Dall. 61, 1, 141.

Il s'agissait d'un délit de coups et blessures, prévu dans l'art. 538 du Code sarde, avec les circonstances aggravantes d'emploi d'un instrument tranchant et d'affaiblissement permanent d'un membre de la victime; circonstances qui n'existent pas dans l'art. 309 du Code pénal français et qui ne devraient pas faire l'objet d'une question au jury.

D'autre part, la circonstance aggravante de l'incapacité de travail qui est de vingt jours dans le code français, était portée à trente dans le Code sarde. Elle était, par conséquent, plus douce, plus favorable à l'accusé; et c'est dans les termes de ce dernier code que la question devait être posée au jury. Tels sont les principes proclamés par la Cour de cassation. La Cour de Chambéry avait, au contraire, pris dans les deux législations les circonstances les plus défavorables à l'accusé et avait fait un crime d'un fait qui devait n'être qu'un simple délit.

La règle qu'un fait commis sous l'empire d'une législation pénale étrangère, ne peut être réprimé par un tribunal français qu'autant qu'il a été prévu et puni par la loi française, a amené la Cour de cassation à décider (1) ceci : « Toutes les fois que la qualification du fait par la loi étrangère, correspond dans la loi française à deux inculpations donnant lieu à l'application de deux peines différentes, le juge sera obligé de définir l'acte incriminé de telle sorte, qu'on puisse déterminer laquelle de ces deux inculpations lui est applicable, sauf à ne prononcer contre l'accusé que la peine édictée par la loi étrangère dans le cas où elle se trouverait moins rigoureuse.

1. Cassation, 28 mars 1861, D. P. 61, 1, 186.

Cette règle a été formulée à propos d'un arrêt de la Cour d'assises du département de la Savoie, qui avait à appliquer l'art. 530 du code pénal sarde ainsi conçu : « Quiconque abuse d'une personne d'un autre sexe, soit en lui ôtant tous moyens de défense, soit en lui imprimant une crainte grave, se rend coupable de viol. Ce crime sera puni de la réclusion pendant sept ans, ou même de travaux pendant dix ans. »

La question avait été ainsi posée au jury : « L'accusé est-il coupable d'avoir abusé de M..., en lui ôtant tous les moyens de défense ? » Sur la réponse affirmative, avec admission de circonstances atténuantes, l'accusé fut condamné à six ans de relégation. L'arrêt fut cassé comme entaché d'ambiguité, en ce que le fait ainsi défini pouvait s'entendre d'après le code pénal français aussi bien d'un attentat à la pudeur que d'un viol consommé (C. p. 342).

Ces deux crimes étant punis en France de peines différentes, il était essentiel que la question fut posée en des termes qui ne laissassent aucun doute sur la qualification légale du fait. L'arrêt de la Cour d'assises avait résolu affirmativement une question délicate que la Cour de cassation s'était contentée d'énoncer « sans qu'il soit besoin d'examiner, quant à présent, la question de savoir si les peines sardes, non édictées par la loi française, peuvent être prononcées par les tribunaux français. » Il s'agissait de la condamnation à six ans de relégation. La peine était moins grave que celle de la loi française ; mais elle n'existe pas dans notre législation ; dès lors, elle ne pouvait être subie sans apporter le trouble dans notre système pénitentiaire ; d'autre part, on ne peut violer le principe que l'accusé bénéficie de la peine la moins rigoureuse. M. Selosse donne la solution suivante. « Il vaut mieux, dit-il, que d'acquitter le coupable, prononcer contre lui une peine d'un degré inférieur à celle qui avait été fixée par le Code pénal, au risque de violer la règle qui ordonne au juge de se conformer au texte même de la loi... Je prendrai dans le Code pénal étranger et dans le Code pénal français, les peines d'un degré inférieur à celles qu'ils établissent pour la répression du délit; je les comparerai l'une à l'autre, et je donnerai au juge la faculté de prononcer même la plus forte (1). » L'accusé ne pourra se plaindre, puisque cette peine sera toujours moindre que celle qu'il aurait subie par l'application de la loi. Quand au pouvoir donné au juge, il se justifie par des raisons analogues à celles qui l'obligent à descendre à la peine d'un degré inférieur pour des causes déterminées, telles que l'âge, les circonstances atténuantes.

Les arrêts criminels rendus par les tribunaux d'un État ne sont pas exécutoires sur le territoire d'un autre État.

Les traités internationaux et en particulier celui du 24 mars 1760 entre la France et la Sardaigne ne s'appliquent pas aux arrêts criminels. Mais il ne s'ensuivra pas que le condamné restera impuni.

Si chaque État est investi du droit de souveraineté dans toute l'étendue de son territoire, la réunion d'un pays à un autre a pour effet immédiat et nécessaire de déplacer ce droit pour le transporter, du pays dépossédé

1. *Loc. cit.*, p, 275.

au pays auquel s'incorpore le territoire cédé. A ce moment, par une sorte de confusion ou de transmission, les droits réciproques de souveraineté se confondent sur la même tête, avec tous leurs attributs et accessoires, à ce point que le nouveau souverain réunit en lui les droits de la souveraineté qui n'est plus et de celle qui la remplace en la continuant, notamment en ce qui concerne la compétence, la répression territoriale, l'exécution des arrêts criminels, l'accomplissement des peines, le droit de grâce, et l'obligation, pour tout habitant sans distinction, de rendre compte de toute infraction aux lois de police et de sûreté. En recueillant, par voie de transmission volontaire, la Savoie pour la réunir à la France, le souverain français a recueilli en même temps le devoir et le pouvoir de poursuivre selon les formes de la procédure française, et les qualifications de la loi pénale alors applicable, la répression des délits commis quand la Savoie ne lui appartenait pas encore, et d'assurer, en conséquence, dans l'intégrité de son territoire ainsi agrandi, l'exécution soit des peines prononcées, soit des poursuites commencées, et spécialement des arrêts criminels de renvoi et des actes d'accusation déjà intervenus. Les droits de souveraineté qui expiraient à la frontière la dépassent tout à coup par l'effet de l'agrandissement, reculant et s'étendant avec elle jusqu'à la nouvelle limite dans toute l'étendue du territoire cédé.

Cette remarquable doctrine est exposée longuement dans deux arrêts, l'un de la Cour de cassation du 17 avril 1863 (1), l'autre de la Cour de Chambéry du 25 mars

1. Dall., 63, 1, 389.

Brunet.   7

1863 (1), le dernier arrêt avait été rendu le même jou[r]
que celui porté en cassation. Dans les deux cas, il s'[a]
gissait d'une condamnation par contumace. Les accus[és]
avaient d'abord invoqué la prescription de l'action p[u]
blique ; mais la seule prescription applicable était cel[le]
de la peine, puisqu'un jugement de condamnation éta[it]
intervenu. Les deux législations française et sarde étaie[nt]
d'ailleurs identiques, sur la nature, le caractère, la du[-]
rée de la prescription, les effets de la condamnation p[ar]
contumace (art. 472, 469, C. instr. crim. sarde, 476, 63[8,]
641, C. instr. crim. français).

Une autre difficulté avait été soulevée : les accus[és]
étaient Français d'origine. Avant 1866, l'art. 7, C. ins[tr.]
crim., produisait cette conséquence exorbitante qu'u[n]
Français ne pouvait jamais être poursuivi et jugé [en]
France pour un crime commis à l'étranger contre u[n]
étranger. D'autre part, la France n'extradant pas ses n[a-]
tionaux, et les arrêts criminels étrangers n'étant p[as]
exécutoires, il en résultait l'impunité pour le coupabl[e.]
Les accusés ne manquaient pas d'invoquer ce préten[du]
droit d'asile. Mais leur prétention fut repoussée, mêm[e]
dans l'état de la législation française alors en vigueu[r.]
L'art. 7 n'accordait pas un droit de refuge ; les coup[a-]
bles, il est vrai, s'étaient réfugiés en France, où l'arr[êt]
criminel, émané de l'ancienne Cour d'appel de Savoie [ne]
pouvait être exécuté par le fait de la séparation de[s]
deux nationalités ; mais cette séparation venant à cesse[r,]
l'État français, qui ne livre pas ses nationaux, les sais[it]

1. Dall., 63, 2, 25.

lui-même sur son territoire, ancien ou nouveau. Etablie de nation à nation, et non d'individus à individus, la souveraineté ne confère à ces derniers, en matière criminelle, ni privilège, ni bénéfice personnel, ni droit acquis. Il n'y a pas de droit acquis à l'impunité, ni d'inviolabilité pour le coupable ; en sa faveur, il n'y a pas de frontières. L'annexion n'a pas modifié l'art. 7, il n'y a pas violation du principe de non-rétroactivité qui n'est pas en cause dans la question. Ces accusés n'avaient aucun droit acquis vis-à-vis du pays sur le territoire duquel ils ont troublé l'ordre public, et qui les a condamnés. Ce pays devenant le leur, ils pourraient reparaître en toute sécurité sur le lieu même de la perpétration de leur crime, braver impunément la justice qui pouvait les appréhender s'ils avaient franchi l'ancienne frontière ! D'ailleurs, ils n'ont pas été livrés à un tribunal étranger, au mépris du principe que la France ne livre pas ses nationaux ; ils n'ont pas été poursuivis en France, contrairement à l'ancien art. 7, qui ne permettait pas de poursuivre et juger un crime commis par un Français à l'étranger contre un étranger, puisque la répression du crime a été légalement poursuivie devant l'autorité judiciaire sarde, et que la justice française n'a fait que recueillir les arrêts, soit définitifs, soit de renvoi, rendus contre les accusés, avec le pouvoir et le devoir d'en assurer l'exécution sur tout le territoire agrandi. Depuis 1866 (loi du 27 juin), une pareille question ne pourrait plus être soulevée ; tout Français qui, hors du territoire, s'est rendu coupable d'un crime puni par la loi française, peut être poursuivi et jugé en France, quand même la victime aurait été un étranger. S'il s'agit d'un délit, il faut encore que le fait soit puni par la loi du pays où il a été commis (art. 5 et 6, C. inst. crim.).

Les condamnés détenus dans les prisons de Sardaigne au moment de l'annexion et devenus Français, ont fait l'objet de l'art. 9 de la convention du 23 août 1860. Ceux dont la peine expirait le 14 juin 1861 au plus tard, continuaient d'être détenus dans les prisons de Sardaigne, le gouvernement français tenant compte au gouvernement sarde des frais de leur nourriture depuis le 14 juin 1860. Ceux dont la peine expirait après le 14 juin 1861 devaient, par les soins du gouvernement sarde, être dirigés sur le port le plus voisin de la frontière des Alpes-Maritimes, où ils seraient remis aux agents de l'autorité française. Nous avons vu plus haut comment la justice française pouvait résoudre la question d'application d'une peine qui n'existait pas dans le système pénitencier français.

Il faut donner la même solution quand il s'agit de l'exécution de la peine. Ainsi, la rélégation de l'art. 18 du Code pénal sarde, consistant dans une détention en un château-fort ou autre lieu semblable, n'existe pas dans notre Code pénal comme peine de droit commun. Aujourd'hui, on pourrait faire subir au condamné, comme équivalent la peine de la rélégation, portée en l'art. 1er de la loi de mai 1885, consistant dans l'internement perpétuel sur le territoire des colonies.

On n'exécutera pas, en France, les peines accessoires des art. 40, 41, 53, 54 du Code pénal sarde, qui sont le carcan, l'amende honorable, la soumission, l'admonition.

Outre ces questions de substitution, de commutation de peine qui, en pratique, seront laissées à l'autorité administrative, en matière d'exécution d'arrêts criminels, les tribunaux français auront à apprécier de nouveau les faits et à leur appliquer une peine reconnue par nos lois pénales. Dans ce cas, beaucoup de condamnés vont pouvoir être absous, parce que leur condamnation avait eu lieu pour un crime non prévu par la loi française. Ainsi, l'*inceste* était prévu et puni par l'art. 522 du Code pénal sarde de 1839. Commis en ligne directe, il était puni de la peine des travaux forcés à temps ; en ligne collatérale jusqu'au 4ᵉ degré, la peine était la réclusion ou l'emprisonnement, selon le plus ou moins de proximité de degrés. Toute la section VIII du titre X, livre II, était consacrée à la répression du *duel*. Les peines étaient, suivant les cas, la rélégation de 3 à 15 ans, l'emprisonnement et le confinement, ou obligation d'habiter dans une commune désignée ; en cas de transgression, cette dernière peine était convertie en emprisonnement. L'art. 585 punissait le *suicide* ; la loi déclarait le suicidé un être vil, le privait de ses droits civils. Par suite, ses dispositions de dernière volonté étaient nulles et de nul effet : le suicidé était privé des honneurs de la sépulture. Celui qui s'était rendu coupable d'une tentative de suicide et qui n'avait été arrêté dans l'exécution de son crime que par des circonstances indépendantes de sa volonté, et non par un repentir spontané, était conduit dans un lieu sûr où il était gardé et soumis à une surveillance rigoureuse pendant un an au moins et 3 ans au plus. Le simple commerce illicite, avec scandale public, entre gens non mariés, était puni d'un an d'emprisonnement par l'art. 437.

2ᵉ PARTIE.

CONSÉQUENCES JURIDIQUES DE L'ANNEXION DE LA SAVOIE ET DE NICE DANS LE DROIT PRIVÉ.

Nous traiterons dans cette partie de l'exécution des jugements civils ; quoique touchant au droit public par certains côtés, cette matière est plutôt de droit privé ; et elle servira tout au moins de transition.

Viendra ensuite le changement de nationalité, et enfin l'examen sommaire de quelques-uns des plus intéressants parmi les nombreux conflits que fait naître dans le droit privé la substitution des lois françaises aux anciennes lois des pays annexés. Les principes généraux peuvent servir à résoudre les difficultés que la limite de ce travail ne nous permettra pas d'aborder.

TITRE Iᵉʳ

Autorité et exécution des jugements et des actes rendus et passés avant l'annexion.

Toute décision judiciaire produit deux effets importants 1° l'autorité de chose jugée, qui est une présomption absolue, *juris et de jure*, n'admettant pas la preuve contraire. Les Romains l'avaient ainsi formulée : « *res judicata pro veritate habetur.* » Une exception de chose jugée (*exceptio*

rei judicata), repoussera toujours des prétentions qui por-
teraient sur le même objet (*bis de eadem re non est actio*), e
qui soulèveraient le litige entre les mêmes personnes.

2° Le second effet produit par les jugements, est la force exécutoire, c'est-à-dire le pouvoir d'obliger la parti-
condamnée à obéir aux injonctions du jugement, *etian*
manu militari. Cet effet est obtenu par l'apposition en tête
et au bas des décisions judiciaires, d'une formule par
laquelle le souverain, ou le chef du pouvoir au nom du
souverain: « mande et ordonne aux huissiers de mettre le
jugement à exécution, aux procureurs généraux et de la
République d'y tenir la main, aux commandants de la
force publique de prêter main forte. » La formule exécutoire, l'*exequatur*, est délivrée par le tribunal, par délégation du pouvoir exécutif, quand il s'agit de jugement-
étrangers. Cette délégation est passée au greffier pour les
jugements français.

Les jugements des tribunaux étrangers doivent, pou-
être exécutés en France, recevoir la formule exécutoir-
des tribunaux français, parce que l'apposition de cette
formule est un acte de souveraineté, et la souveraineté
expire à la frontière.

Quel est exactement le pouvoir du tribunal français
vis-à-vis d'un jugement étranger? La question est très-
controversée. Les uns soumettent le jugement étranger
une révision absolue; dans ce cas, ce ne sera plus le jugement
étranger, mais la nouvelle sentence française qui sera exécutée (Trib. Seine, 3 avril 1884). D'autres laissent aux tribunaux français le choix entre la révision et l'apposition pure-
simple de la formule exécutoire (Merlin-Chauveau). C'est
le système généralement admis en jurisprudence. (Cass-

Sir. 76, 2, 213. — Nancy, Sir. 78, 2, 129. — Trib. Seine, 75, janvier 78. — Rennes, Sir. 81, 2, 81. etc).

Un troisième système fait la distinction de l'ancienne ordonnance de 1629, art. 121, qu'il prétend être encore en vigueur. Cette ordonnance donne force de chose jugée aux jugements rendus en faveur des Français, la refuse à ceux rendus contre des Français. (Fœlix, t. II, p. 83. — Aubry et Rau, t. VIII. — Valette, *Mélanges*. — Paris, Sir. 67, 2, 101, etc.) Enfin un quatrième système pense que le tribunal français, pour accorder la formule exécutoire, doit se borner à examiner si le jugement étranger est régulier en la forme, s'il a été rendu par une juridiction compétente, s'il ne contient rien de contraire à l'ordre public ; sans quoi des mesures de rétorsion sont à craindre (MM. de Vareilles, Demangeat. Labbé dans Sir. 65, 1, 61).

Ces controverses sont écartées quand il y a des traités. Entre la France et la Sardaigne ces questions étaient réglées, depuis le siècle dernier, par un traité du 24 mars 1760, rendu exécutoire en France par lettres-patentes du 24 août enregistrées au Parlement de Paris le 6 septembre. L'art. 22, 2° de ce traité est ainsi conçu : « Pour favoriser l'exécution réciproque des décrets et jugements, les Cours suprêmes déféreront de part et d'autre à la forme du droit, aux réquisitions qui leur seront adressées à ces fins mêmes sous les noms desdites Cours. » Ces dispositions furent fidèlement exécutées jusqu'à la Révolution. (Arrêts Parlement de Paris, 26 juillet 1788. Grenoble, 23 juillet 1785, 30 août 1787, Sénat de Chambéry, 1er février 1781). Pendant la Révolution, les traités furent suspendus et même abrogés avec les nations en guerre contre la France (loi, 1er mars 1793, art. 1). L'annexion du Piémont en 1798 entraînait l'extinction du traité ; cependant il fut confirmé par les traités de 1814 et 1815 rétablissant le royaume de Sardaigne.

Dès lors il fut constamment appliqué par la jurisprudence des deux pays.

En 1860 survint l'annexion de la Savoie à la France ; on éprouva le besoin de confirmer et d'expliquer le traité de 1760 par une déclaration du 1er septembre 1860, signée seulement Talleyrand et Cavour (*Officiel*, 14 nov.), ainsi formulée. « Il est expressément entendu que les Cours, en déférant aux demandes d'exécution des jugements rendus dans chacun des deux États, ne devront faire porter leur examen que sur les trois points suivants, savoir : 1° si la décision émane d'une juridiction compétente ; 2° si elle a été rendue les parties dûment citées, et légalement représentées ou défaillantes ; 3° si les régles du droit public, ou les intérêts de l'ordre public du pays où l'exécution est demandée ne s'opposent pas à ce que la décision du tribunal étranger ait son exécution. »

Cette déclaration est sûrement applicable en France. Pour l'Italie la question est controversée. Les adversaires de son application disent d'abord qu'elle n'a pas été soumise au Parlement, ni même signée par le roi. Puis des événements considérables sont survenus en Italie depuis cette déclaration : le Piémont a disparu avec ses traités, un nouvel État s'est formé, le royaume d'Italie (Brescia, 14 septembre 75, *Journal D. int. pr.*, 79, p. 305). Mais l'opinion contraire a pour elle l'unanimité de la jurisprudence française (Paris, 16 février 83, *J. Droit*, 12 septembre), et la presque unanimité de la récente jurisprudence italienne (Milan, 19 juillet 75, *Journal*, 79, p. 305. Turin, 15 mai 85). Le statut constitutionnel n'exige pas la signature du roi, et l'État de Sardaigne en changeant de nom, n'a pas disparu ; il s'est annexé les autres États italiens.

Quand un tribunal français aura à donner l'*exequatur* à un jugement italien, son examen ne devra donc porter que sur les 3 points indiqués par la déclaration, et jamais, sous aucun prétexte, statuer sur le fonds (1). Le premier chef de la délaration, à donné lieu à de nouvelles divergences d'interprétation.

On a dit que pour savoir si la décision émanait d'une juridiction compétente il fallait se reporter à la loi du pays ou siège le tribunal auteur du jugement. — Oui, s'il s'agit seulement d'examiner, entre les différents tribunaux du même pays, lequel est compétent. Mais, si la question de compétence se pose devant les tribunaux des deux pays, s'il y a conflit de lois en matière de compétence, alors les tribunaux de chaque pays appelés à donner l'*exequatur* devront faire prévaloir leur loi nationale, refuser l'exécution : ex., un Français défendeur a été assigné et jugé en Italie. Les tribunaux italiens refusent de reconnaître la compétence exceptionnelle de notre art. 14 C. civ. (Brescia, 14 septembre 75, *Journal*, 79, p. 211-306). L'application de cet article donne lieu à des mesures de rétorsion.

1. V. en sens contraire jugement du tribunal de Saint-Jean-de-Maurienne, 1889, aff. Gallice Ossevia Musso.

Le traité de 1760 donne une compétence exclusive aux Cours d'appel de chacun des États, pour connaître des décisions de n'importe quelle juridiction de l'autre État. (Trib. Seine, 27 mai 75. *Journal*, 76. p. 359. — Nancy, 6 janvier 77, *Journal*, p. 234. — Paris, 3 juin 81, Dal. 82, 2,67). Jamais les tribunaux de 1re instance ne peuvent accorder l'*exequatur*.

Enfin le traité exige que des lettres rogatoires soient adressées à la Cour chargée de l'*exequatur* par le tribunal qui a rendu le jugement. — On a soutenu la négative. Mais l'affirmative a pour elle la jurisprudence française. (Paris, 3 juin 81, *Droit*, 20 et 21 juin).

En fait, on en pratique l'usage (Turin, 14 déc. 56 et 18 juin 72. *Contra*. Casale, 14 juillet 68. *Gaz. trib.* 21 mai 1869).

On emploie la voie ordinaire, non diplomatique. Pour obtenir ces lettres on procède par assignation ou requête devant le tribunal qui a rendu le jugement (1).

Au point de vue spécial de l'annexion de la Savoie et de Nice, quel en a été l'effet sur cet état de choses?

Comment seront exécutés en France, dans les pays annexés, dans l'État démembré, les jugement rendus avant l'annexion par les tribunaux français, par ceux des pays

---

1. A consulter sur cette question intéressante, mais qui ne se rapporte qu'indirectement à notre sujet : Bourdellès, *De l'application du traité du 24 mars 1760 entre la France et la Sardaigne dans les relations actuelles de la France et de l'Italie; Journal Dr. int. pr.* 1882, p. 369. — Fiore, *même journal*, 1878, p. 244 ; *Sentenze*, 1, p. 19. — Fœlix, *Rev. étr.*, IV. p. 832. — Renault, *Rev. crit.*, 1884, p. 473. — De Lachenal, *Rev. prat.*, 1859, p. 383. — Eyssautier, *Rev. Hist.*, VI, p. 443. — Quéland. *Rev. crit.*, 1869, p. 251. — Dubois, *Journal*, 1879, p. 85. — Moreau : *Effets internationaux des jugements civils*, p. 64 et suiv.

annexés ou de l'État démembré? (Le traité n'aura à intervenir que lorsque l'*exequatur* sera nécessaire). Pour résoudre la question de savoir quand un jugement sera exécutoire *de plano*, ou bien devra être soumis à l'*exequatur*, il faut d'abord tenir compte des deux principes suivant : 1° L'annexion modifie, change la souveraineté ; 2° l'annexion n'a pas d'effet rétroactif, ne modifie pas les droits acquis. Puis il faut distinguer nettement les hypothèses.

1° Le jugement a été rendu dans la province annexée et doit y être exécuté. Nous supposons toujours un jugement ayant acquis, au moment de l'annexion, l'autorité définitive de la chose jugée, n'étant plus susceptible d'appel, mais non encore exécuté.

Ce jugement sera exécutoire *de plano*. Il y a un droit acquis pour les parties ; elles n'ont pu prévoir que l'exécution rencontrerait un obstacle par suite du changement de souveraineté. Bien entendu, la formule exécutoire, quoique valable, sera remplacée dans sa teneur par la formule française, de la même façon qu'elle est remplacée par suite de changement de forme de gouvernement dans le même pays. Il y a du reste, sur ce point, un décret du 12 juin 1860, art. 3 : « Les porteurs des expéditions, des arrêts et jugements ou des grosses et expéditions des actes délivrés avant le jour de la réunion définitive de la Savoie à la France, qui voudraient les faire mettre à exécution, devront préalablement les présenter aux greffiers des cours et tribunaux, s'il s'agit d'expéditions, d'arrêts et de jugements, soit à un notaire, s'il s'agit d'actes notariés, et ce afin que la formule sacramentelle indiquée dans l'art. 1er, soit ajoutée à celles dont

elles étaient revêtues précédemment ». Remarquons en
passant que ce décret accorde aux actes rédigés par les
officiers publics sardes avant l'annexion, la même valeur
qu'à ceux des officiers publics français ; il permet à un
notaire français de leur apposer la formule exécutoire
C'est là une dérogation au droit commun. En règle générale, les actes des officiers publics étrangers n'ont en
France que la valeur d'une convention sous-seing privé
c'est aux tribunaux qu'il faut s'adresser pour obtenir leur
exécution, et la force exécutoire résultera, non pas de la
convention, mais du jugement qui l'ordonne. Cela avait
lieu même entre la France et la Sardaigne, parce que le
traité de 1760 était muet sur l'exécution des conventions.

La convention additionnelle de Francfort du 11 décembre 1871 art. 3, décide de même que les jugements français, rendus entre Français, et ayant autorité de chose
jugée avant le 20 mai 1871, seront exécutoires *de plano*
en Alsace-Lorraine.

2° Le jugement a été rendu dans la province annexée
et doit être exécutée dans le pays annexant.

C'est un véritable jugement étranger pour le pays annexant. Il y avait droit acquis, au moment de l'annexion,
à soumettre ce jugement à la formalité de l'*exequatur*. La
fusion des deux territoires n'a pas identifié les tribunaux
antérieurs à l'annexion. Ceux qui les ont remplacés dans
les pays annexés, quand même ils ne seraient que les
tribunaux antérieurs maintenus, n'ont plus la même nationalité (*Contrà*, M. Selosse, p. 244) que ceux qui ont
rendu le jugement.

3° Le jugement a été rendu dans la province annexée et doit être exécuté dans le pays démembré. C'est pour le pays démembré, un jugement national, exécutoire *de plano*.

4° Le jugement a été rendu dans le pays annexant et doit être exécuté dans la province annexée. Ce sera, même après l'annexion, un jugement étranger dans la province annexée, soumis à l'*exequatur* du traité de 1760. On fait à cette solution une objection grave : les tribunaux du lieu de l'exécution étant devenus français, leur permettre de refuser l'exécution de la sentence rendue antérieurement par un tribunal français, serait une atteinte portée à la chose jugée. En outre ce serait une anomalie ; on ferait délivrer un *exequatur* par des juges du même ordre, de même nationalité que ceux qui ont rendu le jugement. Ces considérations sont très embarassantes, mais nous croyons qu'elles ne sauraient prévaloir contre le droit acquis de la partie condamnée de s'opposer à l'exécution *de plano* d'un jugement, soumis à la formalité de l'*exequatur* au moment où il a acquis autorité définitive de la chose jugée.

5° Le jugement rendu dans le pays démembré devait être exécuté dans la province annexée. Même solution que pour la première hypothèse ; il y a un droit acquis à l'exécution *de plano*.

Quant aux jugements rendus avant l'annexion, mais encore susceptibles d'appel à ce moment, ils ne constituent pas pour les parties un droit acquis. Si le recours a été porté avant l'annexion devant une cour du pays démembré, l'instance pourra suivre son cours. Alors si le jugement doit être exécuté dans les pays annexés, il sera soumis à la formule exécutoire. Si aucun recours n'a été formé, il ne pourra, après l'annexion, être porté que devant une cour du pays annexant ou annexé. La convention de Francfort avait dérogé à ces principes en permettant d'attaquer les jugements non définitifs devant les Cours d'appel et de cassation de France.

L'annexion ne porte aucune atteinte aux voies de recours de l'ancienne législation, telles que la révision et la proposition d'erreur. Il est en effet de principe que la loi du temps où a été rendu le jugement régit les voies de recours pour l'attaquer. Si ce jugement était en dernier ressort, il ne sera plus susceptbile de recours, quoique les délais de la loi française ne soient pas expirés. A l'inverse, si les délais de l'ancienne législation n'étaient pas encore expirés, bien que la loi française n'admette plus de voie de recours, il faudrait suivre les anciens délais. On accorde le délai le plus long au cas où dans les deux législations il n'est pas encore expiré ; c'est un bénéfice qui est toujours appliqué quand il s'agit de déchéances.

Les voies d'exécution, les règles de procédure concernant les procès pendants au moment de l'annexion, étant d'ordre public, seront celles de la loi française ; elles ne constituent jamais des droits acquis pour les particuliers. Cependant, pour éviter des inconvénients, un certain espace de temps sera laissé avant l'application des lois françaises pour terminer le procès en cours (Décret du 22 août 1860). Quant à ceux qui ne pourront être terminés avant le délai fixé, on maintiendra les actes de procédure valablement faits jusqu'à cet époque. Si des mesures de précautions avaient été prises contre des Français demandeurs ou défendeurs alors étrangers, telles que la contrainte par corps, ces mesures sont supprimées. De la caution *judicatum solvi*, il n'en fut pas question. Elle avait été supprimée entre la France et la Sardaigne par le traité de 1760, art. 24, 4e alinéa.

Les actions qui pouvaient être intentées sous l'ancienne législation, mais non reconnues, ont pu suivre leur cours devant les tribunaux français, si l'instance avait été commencée au moment de l'annexion. Cette décision résulte d'un arrêt de la Cour de cassation du 29 mai 1866, confirmant un arrêt de la Cour de Chambéry du 3 juin 1864. Il s'agissait de l'action dite de « jactance » admise en Savoie, et dont l'objet était de contraindre celui qui, par des prétentions annoncées, compromettrait l'honneur, le crédit et la sécurité d'autrui, à déduire immédiatement ces prétentions en justice, sous peine de se voir imposer un silence perpétuel... On aurait pu accorder cette action, lors même que l'instance n'eût pas été commencée avant l'annexion, si les faits qui la motivaient avaient eu lieu avant cette époque. L'action est inséparable du droit qui la fait naître ; ce droit étant né et acquis, l'application de nos lois ne devait pas le faire disparaître sans produire un effet rétroactif.

TITRE II

Changement de nationalité.

L'art. 6 du traité du 24 mars est ainsi conçu : Les sujets sardes, originaires de la Savoie et de l'arrondisse-

ment de Nice, ou domiciliés actuellement dans ces provinces qui entendront conserver la nationalité sarde
jouiront, pendant l'espace d'un an à partir de l'échange
des ratifications et moyennant une déclaration préalable faite à l'autorité compétente, de la faculté de transporter leur domicile en Italie et de s'y fixer, auquel cas
la qualité de citoyen sarde leur sera maintenue. Ils seront
libres de conserver leurs immeubles situés sur les territoires réunis à la France.

Le Code civil est muet sur l'acquisition de la qualité
de Français par voie d'annexion de territoire. Ce silence,
dit-on, s'explique parce que le législateur craignait d'é-
veiller les défiances et les susceptibilités des nations de
l'Europe à une époque où la France était dans tout l'é-
clat de sa gloire et de ses triomphes militaires (1). Dès
lors, c'est dans les traités qu'il faut chercher la solution
de cette question si débattue en doctrine : quelle influence
l'annexion de territoire doit-elle exercer sur la nationalité
des habitants? Nous n'avons pas à examiner ici les nombreuses opinions qui se sont fait jour à ce sujet.

Il suffira de les indiquer et de prendre un parti. Le
mot de nationalité n'a pas, en cette matière, la même signification qu'en politique ; il ne désigne pas le principe
des nationalités, mais le lien qui rattache à l'État chacun
de ses membres. Les deux termes deviendraient synonymes du jour où le principe des nationalités aurait prévalu en pratique et où la nation, dans le sens politique
du mot, et l'État seraient identifiés.

1. M. Selosse.

On distingue la nationalité d'origine et le changement de nationalité. Nous préciserons plus loin ce qu'il faut entendre par origine.

Les traités d'annexion ont pour but direct la cession d'un territoire. Ce n'est qu'indirectement, et à cause des rapports qui les lient plus ou moins intimement au sol, que les personnes sont atteintes dans leur nationalité. Ce changement de nationalité s'opère *ipso facto* (1), d'une façon collective et à l'insu des intéressés, par le seul effet du traité; mais il n'est pas imposé. Dans les traités modernes, hormis les cas d'annexion par la force, il y a d'abord la libre adhésion des populations intéressées, faite par voie de plébiscite, dans le but d'assurer la légitimité de l'annexion au point de vue du droit international public; on réserve ensuite, pour chaque individu, le droit de conserver son ancienne nationalité au moyen d'une option faite dans des conditions déterminées.

Les rapports qui unissent les personnes au territoire sont de deux sortes : l'origine et le domicile. Lequel de ces deux liens prendre pour base, dans la détermination des personnes atteintes par le changement de nationalité? Cette question a donné lieu à de nombreux systèmes en doctrine ; et chacun a appliqué dans la pratique son opinion théorique, quand les traités n'étaient pas suffisamment explicites. Il va sans dire que les sujets d'une tierce puissance, domiciliés dans les pays annexés, ou originaires de ces pays, ne sont pas en cause; pour eux le traité d'annexion est *res inter alios acta*, ils n'y ont

1. M. Aubry et Rau, p. 258.

pas été représentés. Il ne s'agit que des sujets de l'É
démembré, ayant avec le territoire les rapports de do
cile ou d'origine.

Les uns adoptent comme *criterium* du changement
nationalité le domicile ; parmi les auteurs, c'est l'opin
dominante, (MM. Selosse ; p, 282, — Demolombe, t.
n° 157. — Fiore et Pradier-Fodéré, *D. intern.*, p,
note 1). — D'autres s'attachent à l'origine : *cives qui
origo, incolas vero domicilium facit* (loi 7, Code, liv. 10,
39. — M. Laurent, t. 1, n° 354. — Cass. 26 mars 77
Annecy, 9 juillet 74). — Un troisième système exige
la fois le domicile et l'origine (M. Cogordan, *la National*
p. 300). — Enfin un quatrième système prend pour b
le domicile ou l'origine. L'annexion atteindra aussi b
les domiciliés non originaires, que les originaires do
ciliés ailleurs. C'est le système qui atteint le plus gra
nombre de personnes ; et c'est celui qui a été suivi par
traité du 24 mars 1860, art. 6. Ce traité dénationalise de
catégories de personnes : les originaires et les domicili
Ce sera l'objet d'un premier chapitre. Dans un deuxiè
nous étudierons le droit d'option, particulièrement en
qui concerne les incapables.

CHAPITRE PREMIER.

§ 1er *Originaires*.

Que faut-il entendre par ce mot ?

Les uns, les plus nombreux, disent : être originaire d'un territoire veut dire être *né* sur ce territoire ; pour eux naissance et origine sont synonymes ; ils adoptent en notre matière la règle féodale du *jus soli*, qui saisit l'homme au moment de sa naissance pour lui donner la nationalité, la patrie, l'origine du lieu où il est né ; c'est encore le système suivi dans presque toutes les républiques de l'Amérique du Sud pour la détermination de la nationalité d'origine (1). C'est dit-on, la signification donnée au mot orignaire dans la langue diplomatique et dans les traités internationaux.

D'autres rattachent l'origine à la filiation, comme le font presque toutes les législations modernes, quand il s'agit de déterminer la nationalité d'origine : art. 10 ancien du Code civ. « Tout enfant né d'un Français, même en pays étranger est Français. » C'est l'ancien principe romain

---

1. Tribunal de Lyon, 24 mars 1877, cité par Corgordan, p. 413. — MM. Cauwès et Renault dans le *J. du Palais*, 1875 et 79, pages 741 et 765.

du *jus sanguinis* qui a remplacé la règle féodale ; les parents transmettent à leurs enfants, la nationalité et l'origine. Or si, par la filiation, les enfants suivent la nationalité de leurs parents, pourquoi ne suivraient-ils pas
de même leur origine d'un territoire déterminé ? La recherche des liens de filiation, dit-on, dans le système
contraire (1), les questions de généalogie, de lieu de
naissance des ancêtres, créaient des difficultés pratiques
inextricables.

Ces difficultés existent, mais ne sont pas aussi inextricables qu'on veut bien le dire ; elles ne sont pas
suffisantes pour faire rejeter un système auquel on n'a
pu faire d'autres reproches.

Le droit romain, dont le principe, en supplantant le
système féodal, est de nouveau suivi par les législations
modernes en matière de nationalité, nous fournit des indications d'autant plus précieuses, qu'il faisait précisément la distinction que nous avons à faire ici entre la
nationalité et l'origine. Il sert à dissiper le reproche qu'on
fait à l'opinion que nous soutenons, de se guider par de
trompeuses analogies.

Les Romains distinguaient la *civitas*, c'est-à-dire la nationalité romaine, et l'*origo*, droit de cité d'un ordre inférieur, qui rattachait plus particulièrement le citoyen
romain à une cité spéciale (1). Voët, dans son *Commen-
taire* (t. I, p. 314), nous donne une définition nette et
précise d'un pays d'origine : « *Est autem originis locus, in
quo quis natus est, aut* NASCI DEBUIT, *licet forte re ipsa
alibi natus est, matre in peregrinatione parturiente.* » L'ori-

1. Accarias, t. I, p. 109.

gine est le lien qui nous rattache au lieu où nous sommes nés sans qu'on puisse dire que nous avons été enfantés en voyage, au lieu où nous aurions dû naître, si nous sommes venus au monde pendant un séjour de notre mère dans un autre province.

Sans doute le lieu de l'origine correspondra le plus souvent à celui de la naissance, et même à celui du domicile. C'est la situation normale. Mais lorsque la naissance sur le territoire annexé est un fait purement accidentel, n'est-il pas injuste de lui faire produire une conséquence aussi importante que la dénationalisation (1)? Si une naissance survient pendant une absence plus ou moins prolongée d'une famille de son lieu d'origine, faudra-t-il au retour, si le pays des ancêtres va à de nouvelles destinées, briser la famille, retenir celui que le hasard a fait naître ailleurs que dans son pays, l'empêcher de suivre les siens dans leur nationalité nouvelle? Tous ces reproches ont été faits à la doctrine de l'origine en général ; ils sont fondés, si on entend par origine le lieu de la naissance ; ils disparaissent devant notre interprétation qui rattache l'origine à la filiation, à la famille. Les faits accidentels de naissance sur un territoire étranger ont été multipliés dans les temps modernes par la rapidité et la facilité des moyens de communication ; les déplacements sont fréquents dans toutes les classes. « Eh quoi ! disait Siméon au tribunat, dans la séance du 25 frimaire an X, le fils d'un Anglais peut devenir Français, par cela seul que sa mère, traversant la France, l'aura

(1) V. M. Ducrocq . *La Nationalité*, journal de la Société de statistique de Paris, mars 1890.

mis au jour sur cette terre, étrangère à elle, à son mari, à ses parents ?... On n'appartiendra plus à sa famille, à sa nation ? la patrie dépendra moins de l'affection qui y attache, du choix et de l'établissement, que du hasard de la naissance ? (1) »

Les capitales, les villes d'eau, les centres industriels attirent une foule d'individus et de familles étrangers à la cité, à la commune (2). Tant que ces séjours ne sont que temporaires, qu'il n'y a pas fixation de domicile réel, sans esprit de retour, je n'y attacherais pas d'importance.

Il y a une autre catégorie d'individus dont la résidence sur le territoire était souvent temporaire, mais obligatoire avant l'annexion ; c'étaient les fonctionnaires. Peut-on dire que le fils d'un Génois ou d'un Piémontais, né en Savoie ou à Nice, au moment où son père était intendant, juge, ou officier en garnison dans ces provinces, est devenu Français *ipso facto* par l'annexion ? L'art. 5 du traité et le dernier alinéa du décret des 12-18 juin 1860 supposent le contraire.

Nous concluons que, appartenir à un pays par son origine veut dire appartenir à une famille qui est fixée dans ce pays, où qui y a été longtemps fixée, qui ne l'a pas abandonné sans esprit de retour, de telle sorte qu'on considère les membres de cette famille comme les naturels de ce pays, qu'on les désigne par le nom de la province : Savoyards, Alsaciens-Lorrains, etc. — La loi 1 au Digeste (liv. 50, t. 1) nous donne les deux acceptions

1. Locré, *Législation*, t. II, p. 248.
2. V. sur l'affluence des étrangers dans les grandes villes une curieuse lettre de Sénèque à Helvia, sa mère (*Consolation* chap. 6).

qu'a eues à Rome le mot *municeps*, qui, dans les deux cas, caractérise la situation que nous décrivons, mais prend dans le dernier état du droit la signification véritable d'originaire (1) : *Et proprie quidem municipes appellamus muneris participes, recepti in civitate, ut munera nobiscum facerent ; sed nunc abusive municipes dicemus, suæ cujusque civitatis cives, ut puta Campanos, Puteolanos.* Et les enfants du *municeps*, de l'originaire, suivent la condition de leur père : *Filios apud originem patris, non in materna civitate et si ibi nati sint (si modo non domiciliis retineantur) ad honores, seu munera posse compelli, explorati juris est* (loi 3. code ; liv. X. t. XXXVIII) ; à moins qu'il ne s'agisse d'un enfant conçu en dehors *des justæ nuptiæ* ; il suit alors l'origine de sa mère : *Ejus qui justum patrem non habet, prima origo à matre... numerari debet* (loi 9. D. liv. 50. t. 1) (2).

Cujas, dans sa trente-troisième observation, résume très clairement ce qu'il faut entendre par origine : « *Recte Romanum interpretamur Roma oriundum, et in jure nostro semper notatur origo paterna, non origo propria et natale solum.* »

On ne peut avoir qu'une seule origine, comme on n'a qu'une seule nationalité ; toute personne a une origine comme elle doit avoir une nationalité : « *Origo ex necessitate a natura, ac nativitate, et una tantum regulariter, non multiplex ; nec sine origine quisquam esse* » (Voët, p. 315). On ne peut changer son origine personnelle : « *Neque mutari, aut amitti originarii arbitratu potest.* »

<hr>

1. Accarias, t. I, p. 109, note 2.
2. Accarias, t. I, p. 88.

L'idée générale qu'on peut se former de l'origine est celle d'une suite de générations se succédant dans le même lieu. L'originaire est celui qui « *e successu generationum oritur* »; le mot latin correspondant : *oriundus* ne veut pas toujours dire *né*, mais d'une façon plus large désigne le rejeton, le descendant d'une race, d'une famille : *nobili stirpe oriundus*; et comme les générations ont des rapports intimes avec le sol sur lequel elles sont fixées, on se dit *originaire* de tel pays : *Roma oriendum*. Cujas a bien soin de nous avertir que cela ne veut pas toujours dire né : *origo paterna, non natale solum*.

Les questions qui se posent à propos de l'origine sont les mêmes en ce qui concerne l'indigénat ; les deux mots sont synonymes. M. Bluntschli, cependant, appelle indigénat la nationalité (*Dr. intern.*, p. 205). Mais le premier sens est attribué par la France à l'expression *indigènes* dans ses diverses lois, décrets et arrêts concernant la population israélite ou musulmane de l'Algérie.

Quoique l'origine s'établisse ordinairement par la succession des générations dans un même pays, on peut aussi, en passant dans un autre pays, acquérir une origine adoptive, que le temps assimilera à l'origine primitive. Le père de famille peut devenir citoyen d'une autre communauté, d'une autre province ; et les enfants qui naîtront de lui après ce changement, soit dans ce nouveau pays d'adoption, soit ailleurs, suivront cette nouvelle origine. De la sorte, on n'aura pas besoin de faire de nombreuses recherches sur la généalogie et le lieu de naissance des ancêtres. Voilà la limite qu'il faut apporter à notre système.

Ainsi entendue, l'origine se rattache de près au domicile et n'est pas livrée aux hasards de la naissance. Elle est au lieu où est situé le centre de nos affections, de nos souvenirs de famille. Le domicile sera souvent aussi au même lieu, mais il peut être ailleurs pour une foule de causes. Il n'a pas le caractère de fixité qu'a l'origine ; il peut être multiple et changé à volonté. On peut même être sans domicile.

Telle est la signification que nous attribuons au mot « originaires » de l'art. 6 du traité du 24 mars 1860. Cette interprétation, combattue par beaucoup d'auteurs, a été appliquée et magistralement développée dans un jugement du tribunal d'Annecy du 9 juillet 1874 (1) qui déclare italien un individu né en Savoie d'un père Génois. Dans l'espèce, les intéressés avaient leur domicile en Savoie; mais cela importe peu; si le domicile n'avait pas concouru avec le lieu de la naissance, *à fortiori*, le tribunal aurait jugé dans le même sens. « Attendu que, d'après la loi française, le fils d'un Italien né sur le territoire de la France reste étranger, sauf le bénéfice de l'art. 9 ; qu'il s'agit de savoir s'il en est de même lorsqu'il est question comme dans l'espèce, de l'enfant d'un Génois né en Savoie avant l'annexion de ce pays à la France ; Attendu que les effets de la réunion d'un territoire à la France confèrent *ipso facto* aux habitants qui en sont originaires la qualité de Français, ainsi qu'à ceux qui y ont été naturalisés (V. Pothier, Duranton, Zachariæ, Demangeat); qu'en effet, ce sont les originaires du pays annexé,

1. J. P. 75, p. 740.

ainsi que ceux qui en ont fait leur patrie d'adoption, qui sont présumés suivre la destinée de leur pays d'origine ou d'adoption ; que d'ailleurs, d'après les principes du droit civil, on est Français quand on appartient à la France par son origine, quel que soit le lieu de la naissance de la personne...; qu'en appliquant cette doctrine aux pays annexés en 1860, les habitants originaires des provinces de la Savoie et de Nice sont seuls (1) devenus Français, quel que soit le lieu de leur naissance ou de leur domicile... Que la naissance sur le sol de la Savoie et de Nice, même avant l'annexion de ces pays, produisait le même effet que si alors déjà ces pays avaient été une terre française. »

La Cour de cassation a confirmé cette doctrine en décidant, le 26 mars 1877, dans une affaire semblable, que F. G..., étranger au moment de sa naissance, né à Paris d'un père originaire de la Savoie, est devenu sans aucun doute Français de plein droit.

Dans la doctrine contraire, ce citoyen, originaire d'un nouveau territoire français, né en France, habitant la France depuis depuis de longues années, pour qui l'Italie est complètement étrangère, se serait vu déclarer Italien, séparer de son pays devenu français, lui qui l'a précédé dans sa venue à la France ; tandis qu'un Italien d'origine, de nom, mais né par hasard en Savoie, ou momentanément domicilié dans ce pays, se verrait attribuer la qualité de Français ! Les conséquences déraisonnables d'un pareil système suffisent pour en faire justice. L'o-

---

1. Nous faisons nos réserves sur le mot « seuls. »

rigine ou l'indigénat produisent des effets importants dans les Etats fédéraux, où ils servent à déterminer la nationalité de chaque Etat composant l'Union.

Même dans les Etats unitaires, qui ont laissé à quelques-unes de leurs provinces ou colonies une certaine autonomie, l'origine ou l'indigénat servent à déterminer les personnes qui conservent leur statut personnel. Le sénatus-consulte du 14 juillet 1865 décide, art. 1er, que l'indigène musulman est Français; que néanmoins il continuera à être régi par la loi musulmane. Même décision dans l'art. 2 pour l'indigène israélite. Dispositions analogues pour les Indiens (règlem. du 22 février 1777; arrêté du 6 janvier 1819; décret du 21 sept. 1887), et pour les Annamites (décret du 25 mai 1881 sur la Cochinchine).

Les partisans du domicile objectent ici qu'on aurait pu, jusqu'à un certain point, prêter une valeur à l'élément de l'origine dans notre ancienne France; là il eût été compréhensible, parce que nos anciennes provinces, bien que relevant de la même souveraineté, avaient leurs lois civiles distinctes; là où le statut personnel dépendait de la coutume locale, on pouvait concevoir que la nationalité fût subordonnée à l'origine. Mais ce point de vue est complètement inapplicable à un pays où l'unité politique et l'uniformité législative sont des faits accomplis; sans distinction de leur naissance, Normands, Alsaciens, Poitevins, peuvent, au même degré et au même titre, se réclamer de la mère-patrie. Leur nationalité française ne repose sur aucun indigénat provincial (1). Et

1. M. Cauwès, J. P., 75, p. 942.

M. Cauwès continue ainsi : « Ce que nous venons de dire de la France était vrai aussi, jusqu'à un certain point, des habitants des provinces italiennes des Etats sardes et des Savoisiens proprement dits, lors de l'annexion de 1860. En conséquence, le traité eût dû prendre en considération le domicile et non l'origine. »

Sur ce dernier point, nous ne partageons pas l'avis du savant professeur. Sans tenir compte des différences de mœurs, de langue, des noms eux-mêmes qui par leurs consonnances et terminaisons françaises et italiennes, étaient en fait des indications précieuses pour rechercher l'origine des personnes, servaient à distinguer dans la plupart des cas le savoyard et le piémontais ; sans parler en un mot des différences de nationalité, qui pourtant séparaient complètement les peuples de Savoie et de Piémont, les faisant pour ainsi dire vivre étrangers les uns aux autres, quoiqu'ils fussent soumis au même souverain; il y avait dans les États sardes, au point de vue des lois et règlements et de leur application, de la constitution elle-même, d'autres différences entre les diverses provinces ou divisions des États, tout au moins aussi accentuées que celles qui existaient en France avant 1789. Le Sénat souverain de Savoie avait le droit de faire des arrêts de règlements qui s'observaient dans toute l'étendue de sa juridiction, et constituaient non pas des règles pour l'exécution d'une loi, mais des lois véritables ; exemple : le règlement du 22 novembre 1773, qui contient des dispositions législatives sur le mariage, l'augment nuptial, les religieux, l'organisation judiciaire, l'acquisition des fruits, la chasse, les fiefs, etc. Les souverains eux-mêmes portaient des lois sous forme d'Édits, Lettres-patentes, applicables seulement dans une province de leurs États. Tels étaient les Édits de 1738 sur la péréquation générale des tributs dans le duché de Savoie, celui de 1771 sur l'affranchissement en Savoie des fonds sujets à des devoirs féodaux, les Lettres-patentes du 14 août 1815 pour l'institution de l'ordre militaire en Savoie.

Ces lois faites pour tous les Etats n'étaient exécutoires dans les diverses provinces que par la formalité de l'entérinement (1) par les Sénats respectifs. Cet état de choses, n'a pas été changé par suite de la domination française de 1792 à 1814, parce qu'un édit du 28 octobre 1814 a remis en vigueur toutes les anciennes constitutions, édits et autres dispositions, ni même par la publication du Code civil de 1838, qui, pour être exécutoire en Savoie a été entériné par le Sénat de cette province. La constitution de 1848 allait bien établir l'unité du pouvoir législatif, et changer l'ancien ordre de choses; mais depuis cette époque jusqu'en 1860 le travail législatif fut peu considérable, presque toutes les lois anciennes demeurèrent en vigueur, et l'uniformité de législation était loin d'exister.

Dans ces conditions, il était bien facile en 1860 de distinguer les originaires, les naturels de la Savoie et ceux des provinces italiennes; sans qu'il fût nécessaire de comprendre sous cette dénomination tous les natifs, et les natifs seulement; criterium injuste qui embrasse

1. Voir les constitutions royales de 1770, liv. 2, t. 3, chap. 1, § 15.

trop et pas assez, qui exclut des destinées d'un pays, les citoyens que le hasard a fait naître ailleurs, et lui attribue des étrangers qui par hasard aussi sont nés sur le sol de ce pays.

On objecte encore que dans la langue diplomatique et des traités, la signification du mot originaire est restreinte ce mot n'y est employé que pour indiquer le lieu de naissance et non les liens de la filiation ; il n'y a pas la même étendue d'application que dans le langage des lois civiles (Trib. Lyon, 24 mars 1877).

Et à l'appui, on tire un argument d'analogie de la convention additionnelle de Francfort, du 11 décembre 1871. Dans les conférences de Francfort, préparatoires de la convention, les plénipotentiaires français demandèrent la définition des mots originaires ; suivant eux, il fallait entendre par là les individus nés en Alsace-Lorraine de parents alsaciens-lorrains. Les plénipotentiaires allemands ne répondirent pas d'abord ; mais la chancellerie allemande finit par dire qu'elle entendait par là tous les individus nés sur les territoires cédés (1). Cette définition a été acceptée par le gouvernement français par une circulaire du garde des sceaux du 30 mars 1872 dans laquelle il dit : « Tous ceux qui ne sont pas nés dans les territoires séparés n'ont aucune déclaration à faire et sont français de plein droit.

Nous répondrons que si les diplomates de Francfort ont donné au mot originaires, ce sens restreint, ils ont dû s'en expliquer formellement ; or aucune explication sem-

1. M. Renault, J. P. 79, p. 765.

blable, que nous sachions, n'a eu lieu lors du traité de Turin ; et, dès lors, nous sommes en droit de conserver aux mots leur sens naturel et complet ; lorsque surtout cette interprétation a pour conséquence pratique de respecter l'unité morale de la famille en ne plaçant pas dans des patries différentes, sans qu'il y ait eu manifestation de volonté de la part des intéressés, le père ou la mère et les enfants qui n'auraient pas le même lieu de naissance.

§ 2. — *Domiciliés.*

Ordinairement le lieu de l'origine, celui de la naissance et celui du domicile se confondent. Il est alors facile de déterminer les personnes atteintes par le changement de nationalité. Mais quand la naissance a eu lieu sur un autre territoire que celui de l'origine, nous avons vu quelles graves questions divisent les auteurs et la jurisprudence, soit en théorie, soit dans l'interprétation des textes. Le domicile donne lieu à moins de controverses pratiques que l'origine, parce que sa signification est mieux définie ; mais en théorie les partisans de l'origine et du domicile continuent leurs discussions.

La doctrine du domicile rallie à elle le plus grand nombre des auteurs (1), et tend à prévaloir dans les nouveaux traités. Le traité du 10 août 1877 annexant l'île de Saint-Barthélemy à la France, dans son art. 1ᵉʳ,

1. M. Renault à son cours. M. Selosse, p. 282. Demolombe, t. I, nᵒ 157. Aubry et Rau, t. I, p. 158.

attribue la nationalité française à tous les sujets de la couronne de Suède, domiciliés dans l'île, sans tenir aucun compte de l'origine.

Pothier dans son *Traité des Personnes* (1re partie, t. II, sect. I, n° 43-44) s'exprime ainsi : « Il est certain que lorsque une province est réunie à la couronne, ses *habitants* doivent être regardés comme Français naturels, qu'ils soient nés avant ou depuis la réunion. » Et il ajoute : « Lorsque au contraire, une province est démembrée de la couronne, lorsque un pays conquis est rendu par un traité de paix, les habitants changent de domination. » Qu'entend Pothier par le mot « habitants »? Les partisans des deux systèmes invoquent son autorité. Les partisans du domicile disent que « habitants » veut dire domiciliés.

M. Laurent (1) qui est partisan de la doctrine de l'origine explique que Pothier n'entend pas par « habitants » tous ceux qui habitent le territoire réuni, mais ceux qui sont « citoyens » ou comme on disait autrefois « les naturels » du pays. Et il cite un autre passage de Pothier : « Il y a même lieu de penser que les étrangers qui seraient établis dans ces provinces et y auraient obtenu, suivant les lois qui y sont établies, les droits de citoyen, devraient, après la réunion, être considérés comme citoyens, ainsi que les « habitants originaires » de ces provinces, ou du moins comme des étrangers naturalisés en France. Et plus loin : Le démembrement, de même que la réunion, n'a d'effet que sur les « citoyens », c'est-

1. P. 459,

à-dire sur ceux qui étaient naturels du territoire, soit lors de la réunion, soit depuis leur réunion par leur naissance.

Le tribunal d'Annecy, dans le jugement que nous avons cité, invoque aussi l'autorité de Pothier : néanmoins le grand jurisconsulte est le plus souvent compté parmi les partisans du domicile (1).

On a soutenu cependant que l'ancien droit et les traités de la Révolution et de l'Empire (Campo-Formio, 17 octobre 1797, art. 5, *in fine*, Cession de Mulhouse, 1798, de Genève même année. Traité d'Amiens, 23 mars 1802. art. 13) comprenaient à la fois les domiciliés et les originaires non domiciliés (Cass. 12 juin 1874, p. 75, I, 333).

Mais la doctrine de l'origine était généralement considérée comme nouvelle, au commencement de ce siècle, et fut appliquée surtout dans les traités de 1814-1815.

Le traité de 1860 admit simultanément le domicile ou l'origine, en dénationalisant de la sorte le plus grand nombre possible de sujets de l'ancien État. On a cru pouvoir concilier les deux théories en les consacrant toutes les deux. L'annexion atteindra aussi bien les personnes originaires du territoire cédé, sans y avoir leur domicile, que les domiciliés non originaires.

« Fâcheux exemple assurément donné par la France, dit M. Cauwès, et qu'elle ne prévoyait pas qu'un jour on rétorquerait contre elle avec l'aggravation du droit du plus fort, sans même consulter la voix des populations ».

1. M. Cauwès, p. 940.

Et, en effet, en ce qui concerne l'Alsace-Lorraine, l'art. 2 du traité de Versailles, semblait bien exiger à la fin le concours des deux conditions du domicile *et* de l'origine pour opérer la dénationalisation : « les sujets français originaires des territoires cédés, domiciliés actuellement sur ces territoires, qui entendront conserver la nationalité française, etc. »

La disjonctive *ou* n'existait pas ici comme dans le traité de 1860, et son défaut correspondait à la présence de la conjonction *et*. (1)

La phrase allemande exprime, encore mieux peut-être que la phrase française, qu'on a eu en vue une double circonstance se référant aux mêmes personnes et non deux catégories de personnes.

On devrait donc penser que les Français, originaires d'Alsace-Lorraine, mais n'y étant pas domiciliés, ou bien y étant domiciliés, mais n'en étant pas originaires, sont à l'abri des effets du traité. Le gouvernement allemand a cependant soutenu le contraire sur les deux points. (2) Il invoquait le traité de 1860, sans tenir compte de la modification grave mise dans le texte de 1871 ; Le gouvernement français a cédé sur le 1er point : originaires non domiciliés ; et l'interprétation allemande a été acceptée par la convention additionnelle de Francfort du 11 décembre 1871 (V. circul. garde des sceaux 30 mars 1872), mais pour les domiciliés non originaires, le gouvernement français n'a pas accepté l'interprétation allemande bien

1. M. Lainé à son cours.
2. M. Renault, J. P., t. 79, p. 765.

que dans les préliminaires ce fut le gouvernement français qui soutint la doctrine du domicile et que le gouvernement allemand la combattit (V. *Exposé des motifs*, loi du 9 janvier 1872. — J. P. 72, p. 275.). Ils seront donc considérés comme Français en France, Allemands en Allemagne. (Circulaire du président supérieur d'Alsace 17 mars 72. — Dépêche difinitive du comte d'Arnim insérée au *Journal officiel* du 14 septembre 1872.)

Le traité de 1860, invoqué par les autorités allemandes, n'avait donné lieu à aucune difficulté du même genre entre les gouvernements français et sarde, parce qu'il était très explicite. On peut ne pas être partisan de son système, mais le texte ne laisse pas de place à la controverse : les sujets sardes, domiciliés en Savoie et à Nice, quoique non originaires de ces provinces, deviennent Français.

Il ne nous reste qu'à déterminer exactement le domicile au point de vue du changement de nationalité.

Nous pensons que le seul domicile « à perpétuelle demeure » sans esprit de retour, le domicile qui deviendra pour les enfants celui de l'origine, est celui qui devra déterminer le changement de nationalité. Les lois romaines en donnent une excellente définition : *Et in eodem loco singulos habere domicilium non ambigitur ubi quis larem, rerumque ac fortunarum summam constituit, unde rursus non sit discessurus, si nihil avocet ; unde cum profectus est péri-grinari jam desiit.* (Loi 2, Cod, civ. 10, t. 39). » La question de savoir quand il n'y aura pas esprit de retour, perpétuelle demeure, sera laissée à l'appréciation des tribunaux.

L'art. 23 du Code sarde attribue une présomption de perpétuelle demeure à la conservation du domici dans les États pendant dix années entières et consé tives.

La loi française du 26 juin 1889 sur la nationalité ex également une résidence non interrompue pendant années, de l'étranger ordinaire qui veut obtenir en Frai sa naturalisation.

Le domicile étant ainsi déterminé, l'interprétation traité de 1860 qui désignait d'une façon si nette les p sonnes atteintes par le changement de nationalité, se blait ne devoir plus donner lieu à aucune difficulté. C'e alors que survint le malencontreux décret du 30 ju 1860 qui est venu comme à plaisir compliquer la situatio L'art. 1er de ce décret est ainsi conçu : « Les sujets sarde majeurs, et dont le domicile est établi dans les territoir réunis à la France par le traité du 24 mars 1860, pou ront, pendant le cours d'une année à partir des pre sentes, réclamer la qualité de Français. Les demande adressées à cet effet aux préfets des départements sero transmises au garde des sceaux... et la *naturalisatio* sera accordée s'il y échet. »

Les domiciliés non originaires sont devenus Françai d'après le traité ; ils sont demeurés sardes d'après le dé cret. Comment concilier cette contradiction ? Cette questio a divisé et divise encore les auteurs et la jurisprudence de nombreuses solutions toutes différentes, sont interve nues, et ont donné lieu à autant de systèmes. Il est bien difficile de prendre un parti. Le gouvernement français, aussi bien en 1860 qu'en 1870, semblait tenir à ce que les

simples domiciliés non originaires ne fussent pas déna-
tionalisés.

C'est certainement cette idée qui a inspiré le décret du
30 juin ; mais elle a fait oublier que le traité contenait
une disposition toute contraire ; il est impossible d'admettre qu'un simple décret puisse abroger une convention
internationale. La même opinion que le gouvernement
Français soutenait en 1860 à son détriment, il la faisait
valoir en 1870 à son avantage, quoique les termes des
deux traités fussent sensiblement différents.

A cette dernière époque le conflit est demeuré insolu-
ble ; les domiciliés en Alsace-Lorraine au moment de l'annexion non originaires de ces provinces, et qui n'ont pas
exercé leur droit d'option, sont Allemands pour l'Allemagne, et Français en France. En 1860 il n'y a pas eu de
conflit entre les deux gouvernements, et si ce conflit avait
existé, il aurait produit un résultat tout opposé au précédent, le gouvernement français, par son décret, déclarant sardes les simples domiciliés, le gouvernement sarde
les déclarant Français de par le traité. Il y aurait eu as-
saut de générosité.

C'est en effet ce qui résulte d'une correspondance diplomatique échangée de 1871 à 1874 pour régler cette
question au point de vue pratique, mais qui n'a pas le
caractère d'une convention, qui par conséquent n'est pas
obligatoire pour les tribunaux. Cette correspondance a été
communiquée à la Cour de cassation au mois de novembre
1881 par le garde des sceaux M. Cazot. Il y est dit que le
gouvernement italien, appliquant à la lettre l'art. 6 du
traité, a, dès l'origine, considéré comme devenus Français

les majeurs simplement domiciliés dans les provinces annexées. (Nous verrons plus loin ce qui concerne les mineurs). Le garde des sceaux a reconnu que le décret n'é-
tant qu'un acte émané de la France, dépourvu de toute
autorité vis-à-vis d'un Gouvernement étranger, ne pourrait modifier la nationalité acquise par le traité. (Correspondance du 7 novembre 1874) La Cour de cas-sation
consacré cette manière de voir dans un arrêt du 23 novembre 1881 (Dall., 82, 1, 5).

Il s'agissait d'un individu né en Italie, mais domicilié
en Savoie lors de l'annexion. Le tribunal de Saint-Jean-
de-Maurienne avait décidé, le 22 mars 1877, que l'intéressé était devenu Français par le seul effet de l'annexion
bien qu'il n'eût pas réclamé la qualité de Français dan
l'année qui a suivi l'annexion. Ce jugement fut confirm
par arrêt de la Cour de Chambéry du 8 août 1877; mai
l'arrêt fut cassé le 9 décembre 1878 (D. P. 79, 1, 170)
L'affaire fut renvoyée devant la Cour de Grenoble qui, l
22 juillet 1880 (D. P. 81, 2, 177), jugea dans le mêm
sens que les premiers juges : « C'est à tort, dit la Cour
qu'on voudrait restreindre les dispositions de l'art. 6 d
traité du 24 mars aux sujets sardes, à la fois originaires e
domiciliés ; les rédacteurs du traité n'ont pu se mépren
dre sur le sens disjonctif du mot *ou* qu'ils ont employé
et lui attribuer le sens conjonctif qui appartient au mo
et... En présence des termes si précis du traité, on chei
cherait vainement un argument pour l'opinion contrair
dans le décret du 30 juin... Si, d'une part, il est permi
d'induire de ces dispositions que les personnes auxquelle
elles s'appliquent n'avaient pas acquis de plein droit l

nationalité française par le fait seul de l'annexion, d'autre part, il n'est pas admissible qu'elles aient eu pour but et pour résultat de retirer aux sujets sardes, visés par le traité, des droits acquis stipulés par une convention diplomatique.

La nécessité de concilier deux textes dont l'opposition ne peut être qu'apparente, amène à cette conclusion que le second ne se réfère pas à ce qui a été réglé par les dispositions de l'art. 6 du traité ». L'arrêt examine ensuite deux manières d'interpréter le décret. Sur un nouveau pourvoi du préfet de la Savoie, la Cour de cass. a rendu. toutes chambres réunies, l'arrêt du 23 novembre 1881 confirmant cette fois la doctrine du tribunal de St-Jean, et des cours de Chambéry et Grenoble. « Les termes du traité, est-il dit dans cet arrêt, sont clairs et précis... ; il comprend deux catégories de sujets sardes, les originaires et les domiciliés sans aucune équivoque ;... la nationalité française est acquise aux uns comme aux autres *ipso facto*, par l'effet du traité. Le décret n'a ni voulu, ni pu porter rétroactivement atteinte aux droits acquis en vertu de la convention diplomatique, dont il avait pour but de réglementer l'exécution... ».

Ces diverses décisions ont pris parti pour le traité sans chercher à expliquer le décret.

Dans un système contraire, on fait prévaloir ce décret, soit qu'on le considère comme ayant implicitement abrogé la disposition de l'art. 6 du traité en ce qui touche le domicile (Chambéry, 4 mai 1875), soit qu'on décide que le traité ne stipule que pour les originaires, que le décret a dû régler le sort des domiciliés, et a pu le faire en toute liberté (Jugement déjà cité à propos des originaires. Annecy, 9 juillet 1874) (1). Cette dernière interprétation était appliquée en même temps par le tribunal de la Seine et la Cour de Paris le 24 juillet 1874 (1), aux sujets français, simplement domiciliés en Alsace-Lorraine au moment de la cession ; mais comme nous l'avons vu, les termes des deux traités n'étaient pas identiques.

En ce qui concerne le traité de 1860, cette doctrine n'a pas été soumise à la Cour de cassation ; mais par l'arrêt de 1881, elle est fixée en sens contraire. D'ailleurs, « supposer une abrogation dont l'intention n'a nulle part été exprimée, et cela à six semaines de date d'un acte international, c'est, dit M. Cauwès, une interprétation hardie (1). » Un simple décret ne peut abroger une convention internationale ; et les termes du traité sont formels.

Mais si on respecte le traité, comment expliquer le décret?

Plusieurs explications ont été données.

Les uns pensent que le décret a voulu donner satisfaction aux timorés ou aux impatients, désirant avoir une nationalité définitive avant les délais d'option. Après ces délais, après dix, vingt ans, il aurait été difficile de prouver le domicile et par suite la nationalité. Le décret est intervenu pour faciliter cette preuve en exigeant un acte, une déclaration qui pourra servir aux enfants, même après un siècle. (Procureur général Bertault, dev.

1. D. P. 77.2. 117. — P. 75, p. 940. M. Cauwès, note.

la Cour cass. nov. 1881. — Tribunal d'Albertville, 15 mars 1879 (1), M. Clauzet).

D'autres croient que le décret a voulu faciliter aux sujets sardes qui se seraient établis en Savoie et à Nice depuis le jour de l'échange des ratifications, et qui, par conséquent, n'étaient pas compris dans le traité, l'acquisition de la qualité de Français, en les dispensant des formalités et du stage exigés dans les cas de neutralisation ordinaire (M. Selosse, p. 324. Tribunal de Nice, 26 mai 1879 (2). M. Robillard, p. 201).

Enfin une troisième opinion applique le décret aux habitants non originaires, ayant dans les pays annexés une simple résidence ne présentant pas les caractères légaux du domicile. Cette explication résulte du rapport qui précède le décret : « Il semble juste de compléter ces dispositions en permettant aux sujets sardes qui habitent depuis longtemps ces provinces, de solliciter immédiatement la naturalisation en France. » Cette opinion nous semble la meilleure.

Le domicile, pour opérer la dénationalisation de plein droit, doit être interprété d'une façon tout à fait restrictive ; il doit réunir des conditions de fixité, de durée telles que le domicilié puisse être assimilé au naturel du pays, qu'il n'y ait plus chez lui aucun esprit de retour à son pays d'origine. Cependant, les domiciliés qui ne réunissent pas ces conditions, peuvent avoir des intérêts, des affections qui leur fassent désirer vivement de suivre les nouvelles destinées du pays qu'ils habitent. Il est

1. D. P., 82, 1, 5.
2. *Gazette des tribunaux*, 12 juin 1879.

juste de leur en faciliter les moyens par une naturalisation privilégiée.

CHAPITRE II

DROIT D'OPTION

La dénationalisation opérée *ipso facto*, sur les catégories de personnes que nous avons énumérées dans le chapitre précédent, et par le seul fait de l'annexion du territoire, ne doit pas être irrévocable, faite malgré la volonté des intéressés. Il faut réserver aux personnes atteintes par le changement de nationalité la faculté de conserver leur ancienne nationalité ; cette faculté s'exercera au moyen de l'option.

Dans les temps anciens, non-seulement on ne consultait pas les populations sur l'annexion de leur territoire, mais on ne leur laissait aucun moyen de se soustraire individuellement aux conséquences de l'annexion ; les personnes étaient entraînées avec le sol. Il est vrai que souvent on faisait aux peuples vaincus une situation inférieure ; on continuait de les considérer comme étrangers tout en leur prenant leur territoire ; quelquefois on les réduisait en esclavage : les républiques de la Grèce en faisaient des ilotes ; Rome, pour fonder son empire, s'assimila d'abord tous les peuples de l'Italie (1), puis elle

1. *Quid hodie esset imperium nisi salubris providentia victos promiscuisset victoribus* (Sénèque, *De irâ.* liv. II). — *Conditor noster Romulus, tanta sapientia valuit ut plerosque populos eodem die hostes, deinde cives habuerit* (Tacite, *ann.* II).

devint avare du droit de cité; elle fit des nouveaux pe[u]ples vaincus des pérégrins, c'est-à-dire des étrange[rs] sujets de Rome; quelquefois elle leur donne le *jus la[tii]* qui n'est pas encore la cité romaine, mais qui s'en ra[p]proche davantage; jusqu'au jour où Antonin Caraca[lla] accorde le droit de cité à tous les sujet de l'Empire. « [Qui in] *orbe romano qui sunt,* dit Ulpien (loi 17 *de statu hominu[m],* 4-5), *ex constitutione imperatoris Antonini cives romani eff[ecti] sunt.* » Depuis cette époque, Rome continua d'accorder [la] nationalité romaine aux nouveaux peuples qu'elle s'a[n]nexait.

Mais, soit que les peuples vaincus deviennent citoyen[s,] soit qu'ils demeurent étrangers, ils ne sont jamais con[sultés, et jamais non plus ils ne peuvent se soustrai[re] individuellement à la situation qui leur est faite.

Le même état de choses subsista en France jusqu'en 1640. A cette époque, on voit apparaître pour la pre[mière fois dans les traités le droit d'option, mais un droit d'option tacite, ne pouvant s'exercer que par l'émi[gration. Jusque-là, les peuples annexés devaient subir la loi du vainqueur, soit qu'on leur accordât *ipso facto,* par le seul fait de l'incorporation du territoire, la qualité de Français, soit que, suivant Dumoulin et Chopin, il fallut des lettres-patentes du roi pour l'incorporation des habi[tants (1).

Les traités de Ryswick, 1697, art. 17, d'Utrecht, 1713, art. 14, et les traités postérieurs contiennent des dispo[sitions analogues.

1. Pothier, *Traité des personnes,* 1re partie, t. II, sect. 1re. — Du[moulin, *Coutume de Paris, Titre des fiefs,* p. 20.

Avec ce droit d'option tacite, par l'émigration, la Révolution française, dans ses traités, commence à exiger un droit d'option expresse, verbale, par le moyen d'une déclaration (traité de Campo-Formio, 17 octobre 1794, art. 9. — Traité de Mulhouse, 28 janvier 1798, art. 3). Mais, outre que ces traités exigent encore le transfert du domicile, ils vont même plus loin que ceux des siècles derniers, en exigeant la vente des biens.

Dans les traités conclus par Napoléon Ier, il n'est plus question du droit d'option.

En 1814 et 1815 réapparaît le droit d'option tacite (traité du 30 avril 1814, art. 17). Dans tous les traités d'annexion conclus depuis cette époque, une déclaration formelle est exigée, à l'exception du traité de San-Stephano entre la Russie et la Turquie, en 1888, qui en revient à l'émigration accompagnée de la vente des immeubles.

En la forme, les articles des traités concernant le changement de nationalité, ne semblent intervenir que pour régler le droit d'option ; ce n'est qu'indirectement que sont indiquées les personnes atteintes par ce changement (Dépêche de M. d'Arnim, 1872 ; *Journal officiel*, 14 septembre). Telle est la teneur de l'art. 6 du traité du 24 mars 1860.

L'exercice du droit d'option, pour les personnes majeures et capables, n'a donné lieu à aucune difficulté. Ces personnes n'avaient qu'à remplir les formalités exigées par le texte, c'est-à-dire, pendant l'espace d'un an à partir de l'échange des ratifications (1), faire une déclaration à

1. Les ratifications ont été échangées à Turin, le 30 mars 1860.

l'autorité compétente ; à la municipalité de leur résidence, si elles se trouvaient sur le sol italien ; à l'agent
consulaire accrédité par le gouvernement sarde, si elles
résidaient en pays étranger et même en France.

En 1871, l'Allemagne prétendait que pour les Alsaciens-Lorrains ayant leur domicile sur le sol allemand,
l'autorité compétente pour recevoir la déclaration était
l'autorité allemande, soit le directeur de l'arrondissement
(Kreisdirektor). Sinon les déclarations étaient considérées
comme nulles (1).

Aucun incident pareil n'a été soulevé en 1860. Nous
ferons seulement remarquer que pour les annexés domiciliés hors d'Europe le délai était trop court. En 1871 on
a eu la précaution de prolonger ce délai d'une année par
la convention additionnelle de Francfort du 11 décembre.

Après une déclaration verbale, le traité exige encore
l'émigration effective, le transfert du domicile hors des
pays annexés. Mais les tribunaux français se sont mon-
trés très larges dans l'application de cette condition ; ils
se sont contentés d'un simple transfert fictif, c'est-à-dire
d'une élection de domicile en Italie, ou même sur le territoire d'une tierce-puissance (Aix, 19 février 1873. liv.
73-2. 108). L'émigration vaudra transfert de domicile.

La France a voulu appliquer la même interprétation en
1871, mais l'Allemagne a exigé un transfert réel du do-

1. Avis du directeur de Saverne. — Circulaire du ministre des
affaires étrangères du 4 avril et 8 juin 1872. — *Recueil des traités,*
par Villefort, t. II, p. 289.

micile hors du territoire annexé, et a annulé un grand nombre d'options.

Il serait à souhaiter que cette condition de l'émigration, du transfert du domicile disparût des traités.

Elle n'est plus exigée dans le traité d'annexion de l'île St-Barthelemy à la France, du 10 août 1877. Le gouvernement Français se réserve seulement la faculté d'exiger le transfert de la résidence hors du territoire. C'est le droit commun de tous les étrangers en France, le droit d'expulsion accordé au gouvernement par l'art. 7 de la loi du 3 décembre 1849 (1).

En ce qui concerne le droit d'option des incapables, femmes mariées, mineurs, interdits, le traité est complètement muet ; de là de nombreuse controverses, et des solutions différentes qui demandent un examen spécial.

§ 1er. — *Femmes mariées.*

Le traité ne parle pas plus des femmes mariées que des mineurs ; c'est à tort que M. Weiss, suivant l'erreur de M. Selosse (2) affirme que le traité leur accorde expressément le droit d'opter avec l'assistance de leur mari. Je n'ai pu, malgré une lecture attentive du traité, découvrir une pareille disposition. Dès lors il faut se référer aux principes généraux.

1. L'expiration des délais d'option sera pour ceux qui auront gardé le silence la confirmation de leur dénationalisation par le traité, une option tacite pour l'Etat annexant.
2. M. Weiss. *Dr. inter. pr.* p. 227. M. Selosse, p. 303.

Brunet.   10

Ces questions qui se posent à propos du droit d'optio[n]
de la femme mariée, sont assurément délicates et peu[-]
vent donner lieu à d'innombrables controverses.

La femme est-elle attachée indissolublement au par[ti]
que prendra son mari?

Au cas où on lui reconnaîtrait un droit personnel d'op[-]
tion, peut-elle l'exercer seule, ou a-t-elle besoin de l'au[-]
torisation de son mari ou de justice?

Remarquons d'abord que dans les cas les plus ord[i-]
naires la femme suivra son mari dans la nationalité nou[-]
velle, non pas qu'elle soit obligée d'avoir la même nati[o-]
nalité que lui, mais parce qu'elle est atteinte elle-mêm[e]
directement par le changement de nationalité, la femm[e]
mariée n'ayant point d'autre domicile légal que celui d[e]
son mari (art. 108 C. c.). Ce ne sera que dans les cas e[x-]
ceptionnels, tels que la séparation de corps, que les d[o-]
miciles du mari et de la femme pourront être différent[s.]
Et alors, celui des deux qui aura son domicile hors d[es]
territoires annexés, et qui n'en sera point originaire, [ne]
changera pas de nationalité; l'effet de l'annexion aur[a]
été de séparer la nationalité du mari de celle de la femm[e.]
Mais en supposant même que la femme ait été dénatio[-]
nalisée en même temps que son mari, n'aura-t-elle pas u[n]
droit personnel d'option? Ici encore il faut faire la mêm[e]
distinction; la femme non séparée de corps n'a pas d'au[-]
tre domicile que celui de son mari, elle ne pourra pa[s]
accomplir la condition de l'option qui exige le transfe[rt]
du domicile hors des territoires annexés. Elle pourra fai[re]
une option différente de celle de son mari, si elle est s[é-]

parée de corps (1). L'influence du domicile sur le changement de nationalité a fait qu'en 1860 très peu de décisions judiciaires sont intervenues en cette matière. Mais en 1871 il y eut désaccord complet entre la France et l'Allemagne. Nous avons vu que les simples domiciliés étaient allemands d'après l'Allemagne et français d'après la France. Outre cette difficulté, les Allemands ont soutenu que la femme mariée ne pouvait avoir une nationalité distincte de celle du mari. La législation allemande en effet attribue au changement de nationalité du chef de famille des effets collectifs, et l'applique de plein droit à la femme et aux enfants mineurs (2), et M. Bluntschli, dans la *Revue du droit international* (1870, t. II, p. 115) dit ceci : » L'épouse et les enfants mineurs légitimes, qui vivent encore avec leur père, le suivent lorsqu'il devient membre d'un autre Etat ». Le gouvernement français, au contraire, a reconnu à la femme le droit d'option. (Circulaire du 30 mars 1872, avis du 28 août) (3).

Beaucoup d'auteurs français ont soutenu cette doctrine. Mais le tribunal de Constantine a jugé le 21 juin 1876 que l'option régulière du chef de famille conserve à sa femme la même nationalité (*Journal du dr. int. privé* 1877, p. 426).

Les art. 21 et 40 du code sarde étaient rédigés comme les anciens art. 12 et 19 du code français : la femme qui

1. Venise 6 octobre 1876 (*Monitore dei Tribunali* 1876, p. 1256, et *Journal du dr. int. pr.* 1879, p. 298 et suiv.

2. Fœlix. *Revue étrangère*, t. X, p. 446 et 459. Alauzet, p. 170.

3. V. cette intéressante question dans M. Robinet de Cléry (*Revue critique*, 1873, p. 396, 465 et suiv.). M. Selosse, p. 336 et suiv.

épouse un sujet ou un étranger suit la condition de son mari. On a conclu de ces articles que la nationalité de la femme était indissolublement liée à celle du mari, que la femme devait nécessairement suivre son mari dans tous ses changements de nationalité.

Cette interprétation doit être repoussée. Nos deux articles ne visent la nationalité de la femme qu'au moment du mariage. En consentant au mariage, la femme est présumée consentir à son changement de nationalité. Mais il faut s'arrêter là et ne pas dire qu'elle a consenti à prendre toutes les nationalités successives qui pourraient atteindre son mari dans l'avenir ou que celui-ci voudrait se donner lui-même. Les travaux préparatoires du Code sont en ce sens. A propos de la discussion de l'art. 19, le premier consul disait : « Il y a une grande différence entre une Française qui épouse un étranger, et une Française qui ayant épousé un Français, suit son mari lorsqu'il s'expatrie ; la première par son mariage a renoncé à ses droit civils ; l'autre ne les perdrait que pour avoir fait son devoir ». Et Regnault de St-Jean-d'Angély à propos de l'art. 214 : « Le mari n'a pas le droit de faire de sa femme une étrangère (1) ».

Cette doctrine, exposée dans un avis du conseil d'État du 24 juillet 1883, avait été appuyée par le plus grand nombre des auteurs, et confirmée par de nombreuses décisions judiciaires (2).

---

1. Malleville, *Analyse raisonnée*, t. 1, p. 36.
2. Rev. d'adm. 84, III, p. 212. — Demol. t. 1, n. 275. Aubry et Rau t. 1, § 71. — Fiore *Droit intern.*, n. 66 et suiv. — Laurent, *Droit intern.*, t. III, p. 284.

Elle a définitivement passé dans le Code civil art. 12, par la loi du 26 juin 1889 sur la nationalité :

« La femme mariée à un étranger qui se fait naturaliser français et les enfants majeurs de l'étranger naturalisé pourront s'ils le demandent, obtenir la qualité de français sans condition de stage ; soit par le décret qui confère cette qualité au mari, ou au père ou à la mère, soit comme conséquence de la déclaration qu'ils feront dans les termes et sous les conditions de l'art. 9. » Tout ce qu'on accorde à la femme c'est une naturalisation privilégiée ; on la dispense des dix années de résidence de l'art. 8, 5° 2°.

Beaucoup de pays n'admettent pas une nationalité indépendante pour la femme. La Suisse imite l'Allemagne sur ce point. Lorsque le chef de famille se fait naturaliser suisse, il entraine sa femme avec lui (Loi fédérale du 3 juillet 1876 art. 1ᵉʳ). Mais les art. 7 et 8 de cette loi font exception pour le cas où des réserves expresses existent dans les traités. Un traité de ce genre a été conclu avec la France le 28 juillet 1879. On a de la sorte évité un conflit de lois et supprimé la situation anormale d'individus ayant deux patries ou n'en ayant aucune (*heimathlosen*).

Les effets de l'annexion, qui aboutissent pour les individus à une naturalisation collective, ceux de l'option qui reprennent un caractère individuel, doivent sans distinction produire les effets de la naturalisation ordinaire. Ces deux cas sont assimilables. Et nous concluons que la dénaturalisation du mari n'atteint pas la femme, si d'ailleurs elle ne se trouve pas elle-même dans les conditions exigées pour le changemment de nationalité ; qu'elle a par suite un droit d'option personnel ; parce que la nationalité est un droit essentiellement attaché à la personne, qui ne peut être exercé que par celui à qui il appartient.

La nationalité est le fondement de la capacité civile et politique des individus (1); elle fait partie de l'état des personnes ; ce qui nous conduisait à dire que la femme peut opter sans l'autorisation de son mari ; car lors même qu'il s'agit des intérêts pécuniaires, le mari ne peut jamais en disposer seul, comme le tuteur, mais il ne vient qu'autoriser, assister sa femme agissant elle-même, compléter sa capacité juridique comme le faisait l'ancien tuteur romain.

Et du moment qu'on admet dans d'autres cas que la femme peut avoir une nationalité distincte de celle de son mari, ce ne serait pas porter atteinte à la puissance maritale, à l'unité de la famille que de se passer d'autorisation, les actes qui nécessitent le concours du mari sont d'ailleurs limitativement énumérés par la loi (art. 1124) (2).Cependant, en 1871, le gouvernement français, tout en reconnaissant à la femme un droit d'option personnel, a exigé l'assistance du mari ; ou à défaut celle de justice.

En l'absence de textes, nous admettons donc, pour

1. M. Selosse, p. 270 et 300.
2. V. aff. Bauffremont-Bibesco, *J. D. int. privé*, 1880, M. Renault. — Bluntschli, *Revue prat.*, t. 41, 1876, p. 305 et suiv.— M. Labbé, *Journal*, 1877, p. 14.

l'interprétation du traité de 1860, que le changement de nationalité du mari par l'effet du traité, son option, lui ont été exclusivement personnels et sans effet sur la nationalité de la femme. Celle-ci aura donc valablement exercé son option dans les formes du traité, c'est-à-dire si dans le délai d'un an à partir de l'échange des ratifications, elle a fait sa déclaration à l'autorité municipale de sa résidence sur le sol italien, ou à l'agent consulaire accrédité par le gouvernement sarde, en pays étranger, et si de plus, elle a au moins fait élection de domicile en Italie. Nous reconnaissons que pour la femme non séparée de corps, l'exercice du droit d'option a été impossible au cas où le mari, domicilié dans les pays annexés, n'a pas lui-même transféré son domicile en Italie. Mais si ces deux conditions sont remplies, nous ne voyons pas l'utilité d'une autorisation pour l'exercice d'un droit aussi essentiellement personnel et qui, dans la plupart des cas, ne sera exercé que lorsque l'unité du ménage aura déjà été rompue en cas de séparation de corps.

§ 2. — *Mineurs.*

Plusieurs des principes admis en ce qui concerne la femme mariée s'appliqueront aux mineurs, notamment l'indépendance, la personnalité du changement de nationalité et par suite du droit d'option.

Mais les règles ne seront pas absolument les mêmes parce que l'incapacité de la femme mariée et celle du mineur, ne sont pas de même nature, et sont organisés différemment.

Le fondement de l'incapacité de la femme n'est pas la faiblesse ou l'inexpérience, puisque la femme non mariée jouit d'une pleine et entière capacité ; cette incapacité a sa base dans la nécessité d'assurer le gouvernement du ménage ; et c'est dans ce but qu'ont été organisées dans la plupart des législations, la puissance maritale, la subordination de la femme au mari, l'autorisation maritale, consentement du mari pour la validité des actes les plus importants que la femme peut faire concernant sa fortune personnelle. D'où il résulte qu'en dehors des cas où cette autorisation est exigée, la femme est pleinement capable.

Au contraire l'incapacité du mineur est basée sur la faiblesse, l'inexpérience de son âge, le non développement de ses facultés intellectuelles ; la puissance paternelle et la tutelle ont été organisées pour que le père ou le tuteur représentent le mineur, le remplacent dans tous les actes de la vie civile qui ne sont pas exclusivement attachés à la personne. Parmi les actes attachés à la personne, on peut ranger le mariage, la donation, le testament, le choix d'une nationalité ; pour les accomplir, le mineur doit agir lui-même ; et alors il est nécessaire d'attendre que ses facultés aient atteint un développement suffisant pour qu'il puisse discerner, connaître ce qu'il fait. L'âge de discernement sera le plus souvent fixé par le législateur.

La loi romaine qui ne connaissait pas la puissance maritale, ni l'incapacité spéciale à la femme mariée, avait organisé pour les mineurs une tutelle qui a la plus grande analogie avec l'autorité maritale des modernes ; le tuteur, comme le mari moderne ne remplaçait pas, ne représentait pas son pupille dans les actes juridiques : mais le pupille entrait en scène, agissait lui-même ; le tuteur l'autorisait, « *auctoritatem prestabat* » (1) ou plutôt, il complétait, augmentait (*auctor, de augeo, augmenter*) la capacité juridique de son pupille. On ne peut rendre cette idée que d'une façon imparfaite par les expressions françaises : *autorisation, autoriser*.

Le législateur moderne n'a pas fait intervenir directement les mineurs dans les actes qui les concernent ; le tuteur agit pour eux, les représente (art. 450 C. pr. ; 310 C. sarde).

Cependant les art. 1125 et 1215 des deux mêmes codes ne frappent pas d'une nullité radicale les actes faits par le mineur seul ; la nullité qui atteint ces actes est simplement relative ; mais le mineur seul peut s'en prévaloir. Les personnes capables qui ont contracté avec lui ne peuvent lui opposer son incapacité. En ceci le mineur est assimilé à la femme mariée et aux autres incapables ; et il n'y a pas à distinguer s'il est en tutelle ou en puissance paternelle.

Le traité du 24 mars 1860 est complètement muet sur les mineurs. De graves controverses se sont élevées sur ce point ; un art. 2 du fameux décret du 30 juin 1860 dont nous avons parlé déjà à propos des majeurs, en fait un véritable dédale juridique.

La jurisprudence a eu maintes fois à se prononcer ; elle

1. D. Loi 13, liv. XXVI, t. 8, Ulpien.
2. N. Accarias, p. 344.

l'a fait en des sens très divers et a donné lieu à de nombreux systèmes. Nous indiquons les principaux.

Premier système. Le mineur a pu opter avec l'assistance de ses représentants légaux; à défaut de cette assitance son option n'est affectée que d'une nullité relative dont seul il peut se prévaloir. Ce système a été développé dans un jugement du tribunal de St-Jean-de-Maurienne, du 3 juillet 1862, rapporté dans Dalloz (1862. 2. p. 98).

Il s'agissait d'un individu originaire de Savoie, dont le père, originaire du même pays, y était en même temps domicilié. L'intéressé était mineur au moment de l'annexion, mais il avait quoique mineur, assisté et autorisé par son père, déclaré devant le consul de Sardaigne vouloir conserver la nationalité sarde, et avait fait élection de domicile à Turin, puis quitté la France et pris du service dans l'armée italienne; postérieurement à sa majorité, il renouvela sa déclaration devant le syndic de Turin. Néanmoins en France il fut inscrit sur la liste du recrutement. Le préfet de la Savoie soutenait que la déclaration d'option était radicalement nulle comme faite par un mineur incapable de s'obliger; que le père du mineur n'ayant pas opté pour la nationalité italienne, le fils avait, *ipso jure,* suivi la condition du père, quant à la déclaration faite après la majorité, elle ne devait avoir aucun effet, comme intervenue trop tard, faite après le délai imparti par le traité. Le tribunal, après avoir constaté que le traité ne fait aucune distinction entre les majeurs et les mineurs, en conclut que l'option n'est point interdite à ces derniers; et que pour décider de la validité de cette option, il faut s'en référer aux principes de de la loi civile sur les incapables. Or, il résulte des art. 1124 et 1125 du Code nap. « Que l'incapacité des mineurs fondée sur la faiblesse de leur intelligence, et introduite par la loi civile dans leur intérêt, pour les prévenir contre les conséquences de leur inexpérience, n'a rien d'absolu et n'est que purement relative. Du moment surtout qu'ils commencent à avoir l'usage de la raison, les mineurs sont plutôt incapables de s'obliger en contractant qu'ils ne sont incapables absolument de contracter. Eux seuls en effet peuvent opposer la nullité des actes qu'ils ont fait en minorité ; mais on ne peut s'en prévaloir contre eux, ce principe est formellement consacré par l'art. 1125. » Beaucoup d'auteurs vont même plus loin et admettent que le mineur s'oblige valablement quand il a fait seul un acte que son tuteur aurait pu faire sans remplir aucune formalité ; que dans ce cas l'acte n'est rescindable que pour cause de lésion (1) M. Bigot-Préameneu, dans son exposé des motifs disait : Le résultat de l'incapacité du mineur est de ne pouvoir être lésé, et non de ne pouvoir contracter : *restituitur non tanquam minor, sed tanquam læsus.* Et le tribun Joubert : « Il est bien vrai que les mineurs sont en règle générale incapables de contracter. Cependant un mineur peut être capable de discernement ; le lien de l'équité naturelle peut donc se trouver dans un contrat passé par un mineur. » Il faut assimiler aux conventions, tous les engagements pris par le mineur, et de nature à entrainer une obligation. Le choix d'une

1. M. Colmet de Santerre, t. V, p. 500. Domolombe, t. VI, nos 86 et suiv.

nationalité est compris dans cette seconde catégorie d'actes. Et c'est de plus un acte qui exige l'assentiment direct et spontané de la personne qui s'oblige comme le mariage, le testament.

Bien entendu, si le mineur a agi sans discernement, l'acte sera nul pour défaut de consentement (art. 1108 C. civ.)

La question de discernement sera laissée à l'appréciation des tribunaux qui pourront se guider suivant les principes de la responsabilité pénale des mineurs (art. 66 et suiv. du Code pénal).

L'option faite par un mineur n'est pas définitive, irrévocable; à sa majorité, le mineur pourra s'en prévaloir ou en demander la nullité, dans tous les cas suivant les uns, seulement au cas où il en subirait un préjudice suivant les autres ; mais, de toutes façons, lui seul pourra agir, sera juge de son intérêt.

Faut-il aller plus loin et exiger l'assistance et l'autorisation du père ou tuteur? Puisque dans le droit moderne les mineurs n'agissent pas par eux-mêmes mais sont représentés par leur tuteur, il n'y a pas de place pour l'autorisation. Quand le mineur agit il fait un acte qu'il ne devrait pas faire par lui-même. L'autorisation du tuteur n'ajouterait rien au point de vue juridique à l'acte fait par le pupille. Cet acte demeure annulable ; et le mineur seul peut en demander la nullité.

Cependant le jugement précité semble admettre la nécessité de cette autorisation pour l'option du mineur; et la convention additionnelle de Francfort du 11 décembre

1871 paraissait l'avoir exigée dans l'exposé des motifs (1). M. de Rémusat, ministre des affaires étrangères, l'avait du moins entendue ainsi dans sa circulaire du 25 mars 1872 : « Il a été admis que les mineurs, émancipés ou non, avaient indistinctement le droit de faire l'option avec le concours de leurs représentants légaux. » Mais dans des déclarations postérieures, le gouvernement allemand restreignit le droit d'option aux mineurs émancipés (2), les mineurs non émancipés devant suivre fatalement la nationalité de leur père, en vertu même, disait M. d'Arnim, de l'art. 108 du Code français, qui ne permet pas aux mineurs d'avoir un autre domicile que celui de leur père ou tuteur. Aujourd'hui, il aurait pu invoquer encore les art. 12 et 18 (loi 26 juin 89), qui entraînent les enfants mineurs dans la naturalisation de leur père ou de leur mère survivante ; (théoriquement du moins, parce que les lois n'ont pas d'effet rétroactif).

Les mêmes mineurs par conséquent qui avaient opté avec le concours de leurs représentants légaux, eurent deux nationalités : allemands en Allemagne, français en France (3). M. Carré est d'avis que la doctrine admettant les mineurs à se prononcer dans le délai ordinaire imparti par les traités, avec l'assistance de leurs représentants légaux n'est pas aussi contraire qu'on l'a prétendu

1. *Journal officiel*, 14 septembre 1872.
2. Circulaire du président d'Alsace-Lorraine, 16 mars 71 ; Dépêche de M. d'Arnim, 15 juillet 1872 ; Communication officielle du 1er septembre 1872.
3. Nancy, 7 déc. 72, D. 72, 2, 25 ; Paris, 24 juillet 74, J. P. 75, p. 940.

aux principes de la loi civile : « L'idée de la représenta
tion, dit-il, est mise de côté toutes les fois qu'il s'agit
d'un acte qui nécessite une expression de volonté per
sonnelle : le contrat de mariage, la célébration du ma
riage, les actes d'engagement dans l'armée, supposent
une combinaison analogue à celle que nous proposons(1)
On tire encore un argument d'analogie de la loi du 16
septembre 1874, qui exigeait pour une certaine catégorie
de mineurs étrangers qui voulaient entrer dans l'armée
ou dans les écoles du gouvernement, une déclaration de
renonciation à leur qualité d'étrangers, avec le consen
tement exprès et spécial du père ou de la mère, ou à dé
faut du conseil de famille.

Avec cette doctrine, on concilie l'intérêt de l'applica
tion immédiate des traités et le respect du statut person
nel des mineurs. Si les intérêts du père et des enfants
ne sont pas les mêmes, les uns et les autres pourront être
l'objet de décisions différentes (2). Ce système est certai
nement très acceptable en théorie, mais il est douteux
qu'il soit légal. La règle dans notre droit est que le tu
teur agit pour le mineur, mais ne l'assiste pas : les
exceptions ne se présument point. De plus il ne réfute
pas l'objection que le mineur ne peut avoir d'autre do
micile que celui de ses représentants légaux, et par suite
avoir une nationalité différente.

Nous préférons ne prendre dans le système du tribunal
de St-Jean que ce qui concerne la nullité relative de
l'option faite par le mineur en âge de discernement, soit

1. J. P. 75, p. 944.
2. Robinet de Cléry, *R. critique*, 1875, t. 4, p. 271 et suiv.

seul, soit avec l'assistance de son père ou tuteur, peu importe. A sa majorité, le mineur sera libre de demander la nullité de l'option ; s'il ne dit rien, cette option suivra son plein et entier effet.

Deuxième système. — Dans un arrêt réformant le jugement précité, la Cour de Chambéry, le 22 décembre 1862 (D. P. 63, 2, 99), refuse aux mineurs tout droit d'option personnel. Pour les mineurs le droit d'option doit se confondre avec celui du père de famille. « Attendu que la faculté réservée par l'art. 6, tout en appartenant aux individus des deux sexes, en âge et en situation de disposer de leur personne, ne concernait point les mineurs vivant sous la tutelle de leur père ; qu'elle leur était d'autant moins attribuée, que la législation de la France comme celle de la Sardaigne, ne reconnaissent à ces mineurs d'autre domicile que le toit paternel, et qu'en les soumettant l'un et l'autre, à l'obligation de suivre la condition de leur père, elles les tenait pour inhabiles à choisir une autre patrie ; — Attendu qu'ils ne pouvaient être relevés de l'incapacité absolue dont il s'agit par le consentement du père à la déclaration d'option et au transfert du domicile, pas plus qu'ils n'auraient pu l'être de l'incapacité analogue de disposer de leurs biens par testament, ou de contracter mariage avant l'âge requis : que l'invalidité des actes de ce genre dérivant d'une impossibilité radicale, ne donnerait pas lieu à une simple exception personnelle au mineur, mais à une fin de non-recevoir qui leur était, en tout état de choses opposable ; — Attendu que le droit d'option devait pour le mineur se confondre avec celui du père de famille, son représentant

et son organe légal ; que si celui-ci, en gardant son dom
cile en Savoie, imposait à son fils la nationalité nouvelle
ce n'était là qu'une conséquence naturelle des convenan
ces de la famille, qu'un effet de l'autorité de la loi et d
celle du traité puisant à la même source le pouvoir d
statuer souverainement sur l'état des personnes ; — At
tendu qu'en envisageant les motifs de haut intérêt qu
donnent aux traités politiques leurs effets immédiats, e
qui mettent d'autant plus en relief les limites textuelle
de l'art. 6, on ne peut admettre que le droit d'option pou
une nationalité qui n'est ni celle de son pays, ni celle d
sa famille que les évènements lui ont retirée, soit réser
vée au mineur savoisien pour l'exercer à sa majorité
tandis qu'il jouit de celle que lui aurait attribuée sa nais
sance s'il n'avait vu le jour qu'après les nouvelles desti
nées de sa patrie. »

Le tribunal de Nice, le 8 décembre 1875, s'est pro
noncé dans le même sens (*Journal dr. intern. privé*, année
1877).

La Cour de Chambéry et ceux qui pensent comme elle
refusent aux mineurs le droit d'option, d'abord, dit-on,
pour un motif d'incapacité absolue. Déjà nous avons ré
futé par avance cette proposition, en établissant que l'in
capacité des mineurs n'est que relative. Même en la
supposant absolue, rien n'empêchait de suspendre le droit
d'option, pour permettre au mineur de l'exercer à sa
majorité, époque où il sera pleinement capable. Dans ce
système on ne permet pas cette attente, parce qu'on
décide que les incapables ne peuvent avoir d'autre natio
nalité que celle du chef de famille, que tout changement

de nationalité de ce dernier, soit par le seul effet d'une annexion, soit par suite du droit d'option englobe tous ceux qui sont en sa puissance.

Or, nous avons démontré que la nationalité de l'enfant, comme celle de la femme, constituait pour eux un droit indépendant, essentiellement personnel, en dehors des atteintes de la puissance paternelle ou maritale, du pouvoir du tuteur. L'enfant suit la condition de son père au moment de sa naissance, comme la femme suit la condition de son mari au moment du mariage ; dans le premier cas la loi imprime à l'enfant la nationalité du père, la lui impose ; mais par la suite cette nationalité n'est plus nécessairement liée à celle du père. Dans le second cas la loi présume que la femme consent à adopter la nationalité de son mari, mais cette présomption ne s'applique qu'au moment du mariage. A partir de ces deux instants, de la naissance et du mariage, chaque individu reprend la libre disposition de sa nationalité. Il est vrai que la loi récente du 26 juin 1889 impose à l'enfant mineur la nouvelle nationalité du père qui se fait naturaliser français. C'est là un grand changement dans notre législation, qui a fait triompher sur un point la doctrine que nous combattons.

Mais on n'est pas obligé d'en conclure que la solution admise par le législateur en matière de neutralisation, doive l'être nécessairement en matière de changement de nationalité par l'annexion. Sur ce point la loi est muette : le champ reste libre à la doctrine. D'ailleurs pour l'application du traité de 1860, il faut se reporter à la loi en vigueur au moment où il a été conclu, la loi du 7 déc.

1851 qui établit nettement que l'enfant mineur peut avo[ir]
une nationalité différente de celle de son père.

Si maintenant nous recherchons l'intention des haute[s]
parties contractantes dans le traité de 1860, nous trou[-]
vons, non seulement dans l'art. 6, mais encore dans l'ar[t.]
1er, que la volonté des populations ne doit pas être co[n-]
trainte ; il faut ajouter que la nationalité française n[e]
s'impose pas... « Le traité, dit M. Eyssautier (1) et tous le[s]
actes qui l'ont accompagné nous démontrent jusqu'à l'évi[-]
dence que la plus entière liberté a été réservée aux popu[-]
lations. La France n'imposait pas un joug, elle ouvrait se[s]
bras à ceux qui voulaient s'y jeter. »

Le roi des États sardes ne cédait le pays de ses ancêtre[s]
qu'avec certains regrets, et il désirait conserver aux ha[-]
bitants le moyen de rester ses sujets. En présence de cett[e]
pensée, comment restreindre les termes si généraux d[e]
l'art. 6 : les sujets sardes...! Pourquoi ajouter au texte l[e]
mot *majeurs* qui n'y est pas ?

Troisième système. — L'enfant mineur a pu efficacemen[t]
faire sa déclaration d'option, pendant un an à partir d[u]
jour de sa majorité. Ce système applique aux enfants mi[-]
neurs le principe général de droit commun qui suspen[d]
en leur faveur le cours de la prescription et des délai[s]
« *contra non valentem agere non currit præscriptio* ». Il es[t]
vrai que l'existence de ce principe, dont on avait abus[é]
sous l'ancien droit, est contestée dans le droit moderne[,]
mais d'une façon générale seulement, car il est certai[n]
qu'il a été reproduit au moins exceptionnellement en c[e]

1. *Journal des Cours de Grenoble et Chambéry*, 1862, p. 442.

qui concerne les mineurs par les art. 2251, 2252 du Code civil. Les art. 2385 et 2386 du Code sarde contiennent des dispositions analogues. Il est faux que ce dernier code ait seulement doublé pour les mineurs le temps de la prescription (1).

L'esprit des lois françaises et sardes est conforme à ce système. C'est généralement dans l'année à partir de la majorité qu'on permet d'opter pour une nationalité. L'art. 2 du décret du 30 juin 1860 est dans le même sens ; or le décret est contemporain du traité (2). C'est la doctrine qui semble prévaloir dans les nouveaux traités d'annexion : art. 2 du traité du 10 août 1879 annexant l'île de St-Barthélemy à la France : « Le délai dans lequel pourra se faire la déclaration d'option sera d'un an à dater du jour de l'installation de l'autorité française dans l'île. Pour les personnes qui à cette date, n'auront pas l'âge fixé pour la majorité par la loi française, le délai d'un an courra à partir du jour où elles atteindront cet âge. »

En théorie c'est assurément la solution la meilleure ; mais pour l'interprétation du traité de 1860 une objection très grave a été tirée du texte même de l'art. 6 : « Le droit d'option pourra s'exercer pendant l'espace d'un an à partir de l'échange des ratifications ». Si le mineur est devenu majeur après l'expiration de ce délai, le texte ne lui interdit-il pas la faculté d'option ? Etant mineur, il jouissait virtuellement du droit d'option, mais il ne pouvait l'exercer ; et l'exercice du droit n'a été possible qu'à

1. Mourlon, p. 915.
2. Cour de cass. Turin, *Monitore dei Tribunali di Milano*, 1874, p. 818.

une époque où le droit n'existait plus. Et on ajoute pour justifier le texte : peut-on raisonnablement soutenir qu'en admettant que les mineurs ont pu opter, l'état et la nationalité d'une portion considérable des habitants du territoire annexé se trouveraient en suspens pendant un grand nombre d'années ?

Il est facile d'écarter cette seconde considération, en disant que les mineurs devenus français de plein droit par l'annexion sont en possession d'une nationalité certaine ; on leur a conservé seulement la faculté de redevenir sardes avec effet rétroactif. Quant à la considération tirée du texte, elle subsiste entière ; l'art. 6 ne fait pas de distinction entre les majeurs et les mineurs, il leur accorde à tous le droit d'option, mais il leur donne également le même délai. Les termes sont trop précis : « un an à partir de l'échange des ratifications », pour permettre d'appliquer les règles de la suspension de prescription en faveur des mineurs ; il aurait fallu s'en expliquer formellement dans le texte. Il nous paraît donc difficile d'admettre la validité de l'option faite par un mineur après sa majorité, si à cette époque les délais fixés par le traité étaient expirés. Faudrait-il alors refuser le droit d'option à tous les mineurs qui n'auront pas atteint leur majorité pendant ce court espace de temps ?

C'est ici le cas d'admettre un système éclectique. Nous avons vu que l'incapacité qui frappe les mineurs n'est pas absolue ; ils ont le pouvoir de faire des actes pendant leur minorité ; mais ces actes peuvent être annulés ou ratifiés après l'époque de la majorité (art. 1125 et 1304, Code civil).

Je déciderai donc que le mineur seul ou avec le concours de ses représentants légaux, peu importe, aura pu, et aura dû faire sa déclaration d'option dans les délais impartis par le traité ; si à sa majorité il confirme cette déclaration, soit par une nouvelle déclaration formelle, soit même simplement par son silence ; son option sera bonne et valable. Il pourra au contraire la révoquer, si c'est son bon plaisir ; car, arrivé à sa majorité, le mineur seul est juge de l'intérêt qu'il peut avoir à conserver ou à faire annuler les actes qu'il a faits pendant sa minorité.

C'est là simplement la théorie des nullités relatives de l'art. 1304. Quant au délai pendant lequel le mineur pourra intenter son action en nullité, je lui accorderai, avec le troisième système, un an à partir de sa majorité ; c'est le système général de nos lois en matière de nationalité.

On pourrait soutenir cependant qu'à défaut d'une loi particulière, le mineur aura le délai de droit commun en matière de nullité relative, c'est-à-dire dix ans après sa majorité (art. 1304).

Pendant cette période la nationalité n'est pas en suspens, n'est pas douteuse : par l'effet de l'option, le mineur a recouvré son ancienne nationalité ; pour redevenir français, il fera prononcer la nullité de son option. De la sorte, on concilie l'intérêt des mineurs, le respect de leur droit personnel d'option, avec le texte du traité.

C'est en somme la théorie qui peut s'induire, avec quelques différences de détail, du jugement du tribunal de

St-Jean, cité plus haut. Elle n'a qu'un inconvénient ; je le signale en passant, elle aboutit à refuser le droit d'option à une certaine catégorie de mineurs, ceux qui dans les délais du traité étaient encore dans l'enfance, et incapables d'un consentement, d'un discernement quelconque. On ne peut ratifier l'absence absolue de consentement, ce qui n'existe pas. L'âge de discernement est une question laissée à l'appréciation des tribunaux.

Relativement aux mineurs, il reste à examiner une dernière question qui a été suscitée par l'article 2 du décret du 30 juin 1860, qui déjà, à propos des majeurs, avait soulevé de nombreuses controverses. Cet article est ainsi conçu : « Les sujets sardes encore mineurs, nés en Savoie et dans l'arrondissement de Nice, pourront, dans l'année qui suivra l'époque de leur majorité, réclamer la qualité de Français, en se conformant à l'art. 9 du Code civil. »

Pour ceux qui, comme nous, ne rattachent pas l'origine de l'enfant au lieu où le hasard a pu le faire naître, mais lui donnent comme origine celle qu'avaient ses parents au moment de la naissance, l'explication de cet article du décret, devient bien facile. Il s'agit de l'enfant mineur né en Savoie avant l'annexion d'un père originaire des provinces italiennes des États sardes, et non domicilié dans les pays annexés au moment de l'annexion. Cet enfant a conservé la nationalité d'origine de son père, parce qu'il n'était personnellement dans aucune des conditions exigées par le traité pour la dénationalisation ; il n'était ni originaire, ni domicilié. Et cette explication a prévalu dans les rapports des gouvernements français et italien.

Il résulte, en effet, d'une correspondance diplomatique échangée en 1871, 72, 73, et le 7 novembre 1874 entre le ministre des affaires étrangères de France, et le chargé d'affaires d'Italie à Paris, et communiquée à la Cour de cassation le 23 novembre 1881 par le garde des sceaux (Dall. P., 1882-2, 5), que, « les fils nés en Savoie et à Nice de pères originaires des provinces italiennes, et qui, à l'époque de l'annexion de la Savoie et de Nice à la France, étaient encore mineurs, seront considérés, à défaut d'une option explicite, comme étant restés Italiens et par conséquent ils ne seront pas soumis au service militaire en France, mais inscrits sur les rôles de la levée en Italie. Toutefois, il est entendu que cette solution n'a qu'un caractère administratif et qu'elle n'empêchera pas les intéressés, dans le cas où ils ne voudraient pas s'y soumettre, de faire valoir leurs droits devant les tribunaux compétents. « (*Journal du droit intern. privé*, 1877, p. 105).

Mais pour ceux qui considèrent comme originaires des pays annexés tous les sujets sardes qui y sont nés, le décret n'est plus explicable. Il considère comme Italien un enfant que le traité a rendu Français; mais un simple décret n'a pour but que d'interpréter le traité et non de l'abroger.

On a cependant essayé de soutenir, dans un second système que le décret avait en ce qui concerne les mineurs abrogé le traité implicitement (Chambéry, 4 mai 1875 arrêt cité plus haut). Nous avons réfuté ce système à propos de l'art. 1er.

Troisième explication. — Le décret aurait pour but

d'accorder aux mineurs qui auraient témérairement opté pour la nationalité italienne, le bénéfice de l'ancien art. 9. (Cass. Turin, 11 juin 1874) (1).

Mais pourquoi alors le décret n'aurait-il visé que les mineurs originaires et non les domiciliés?

Enfin un quatrième système distingue si les parents de l'enfant avaient sur les territoires annexés un véritable domicile légal sans esprit de retour, ou bien s'ils n'y avaient qu'une simple résidence passagère ou accidentelle.

Ce seraient les enfants de ces derniers qui seraient visés par le décret (Rouquier, *Revue pratique*, 1862, p. 275, de Folleville, *Traité de naturalisation*, p. 237).

Ce système ne se comprend pas si l'on admet que tous les enfants nés sur le territoire annexé sont français. Dans le cas contraire, il se confond avec le premier que nous avons adopté.

§ 3. — *Interdits.*

Pour les interdits légaux, aucune difficulté ; ils conservent leur droit personnel d'option. La question devient plus délicate pour les interdits judiciaires et les simples aliénés.

Nous ne croyons pas que nos lois et les lois sardes, ayant supprimé en droit les intervalles lucides des anciennes lois romaines, puissent admettre à un moment quelconque de l'interdiction la possibilité pour l'aliéné d'exercer personnellement son droit d'option (art. 502, Code civil fr., 584, Code sarde) (V. M. Selosse, p. 335).

1. *Rev. droit. int.*, t. VI, p. 264.

Si leur interdiction est levée, ils ne pourront que demander leur réintégration dans la nationalité italienne par les voies ordinaires.

§ 4. — *Effets de l'option.*

L'art. 8 du traité emploie les mots « *conserver, maintenir* » pour exprimer les effets de l'option. La jurisprudence et les auteurs ont admis d'une façon constante, en ce qui concerne le traité de 1860, que la dénationalisation s'est opérée *ipso facto* dès le jour de la promulgation du traité. Mais cet effet est subordonné à la condition résolutoire de l'option ; cette condition accomplie, l'optant recouvrera rétroactivement son ancienne nationalité ; *pendente conditione*, il sera considéré comme sujet de l'État annexant.

La question a un intérêt pratique pendant que l'expiration du délai d'option n'est pas encore arrivée ; elle peut en avoir encore pour les descendants ou héritiers des personnes décédées pendant le délai. — On objecte à cette opinion les expressions employées par le traité ; il aurait dû se servir du mot « recouvrer », puisque l'optant s'est trouvé pendant un certain temps le sujet de l'État annexant. A ceci, on répond qu'il ne faut pas attacher à ces expressions un sens technique et restreint qui n'était pas dans l'intention des rédacteurs ; elles s'expliqueraient d'ailleurs suffisamment par l'effet résolutoire et rétroactif de l'option, qui fait considérer l'optant comme n'ayant jamais perdu son ancienne nationalité. Les prin-

cipes, d'ailleurs, sont certains : « Lorsque le traité a été
ratifié, dit M. Bluntschli, les effets en sont répartis, à
moins de conventions contraires, au moment de la signature du protocole final par les envoyés ou agents des
Etats contractants. Cette règle est l'expression d'un usage
reçu par les nations. »

Le traité du 10 mai 1871 annexant l'Alsace-Lorraine à
l'Allemagne contenait les mêmes expressions que celui de
1860. Cependant les tribunaux de Vesoul et de Nancy (1)
ont considéré les Alsaciens-Lorrains comme Français, *de-
pendente conditione*. Mais dans les sphères gouvernemen-
tales, on n'a pas admis cette solution. Le contraire d'ailleurs résulte de l'exposé des motifs de la convention additionnelle de Francfort : « Il résulte de l'art. 2 du traité
du 10 mai que les habitants de l'Alsace-Lorraine sont légalement considérés aujourd'hui par l'Allemagne comme
Allemands sous condition résolutoire, tandis que nous-
mêmes nous ne pouvons plus voir en eux que des Français sous condition suspensive, c'est-à-dire des Français
dont la nationalité provisoirement suspendue sera définitivement périmée, s'ils n'accomplissent dans les délais
convenus les formalités prescrites par les traités. »

1. Vesoul, 19 juillet 71. Sir. 71, 2, 185 ; Nancy, 31 août 71. Sir.
71, 2, 129.

TITRE III

Conséquences de la substitution des lois civiles et commerciales françaises aux anciennes lois des pays annexés. — Conflits.

PRINCIPES GÉNÉRAUX.

L'annexion entraîne directement le changement de souveraineté pour le territoire et le changement de nationalité pour les habitants. Indirectement, comme conséquences, se produit le changement de législation, la substitution des lois françaises aux anciennes lois des pays annexés, soit en ce qui concerne le territoire, soit en ce qui concerne les personnes. Ce changement, cette substitution font naître des conflits de législations inévitables dans les diverses matières du droit civil.

Nous avons vu dans notre première partie qu'une promulgation était nécessaire pour rendre les lois du pays annexant exécutoires dans les pays annexés. Le sénatus-consulte du 12 juin 1860 disposait d'une façon générale que « la constitution et les lois françaises deviendraient exécutoires, en Savoie et à Nice, à partir du 1er janvier 1861. » Mais de nombreux décrets impériaux avaient rapproché cette date, notamment en ce qui concerne les lois pénales (12 juin), et l'application des lois politiques et administratitives.

Enfin, le décret du 22 août fixa à sa date (art. 1er) l'application ou l'exécution en Savoie et à Nice des lois civiles, commerciales et de procédure civile françaises. Ce décret contient ensuite une série d'articles sur diverses questions de droit civil et résout beaucoup de difficultés qui font l'objet de controverses, quand une loi nouvelle vient remplacer une loi antérieure. Mais il ne les prévoit pas toutes; et c'est pour les cas non prévus qu'il faudra se reporter aux principes généraux.

Ces questions se posent encore bien souvent aux tribunaux et aux juristes des pays annexés, surtout en ce qui concerne les contrats passés sous l'ancienne législation sarde, et le contrat de mariage en particulier. Le cadre de cette étude ne nous permet pas de les aborder toutes. Il serait bon, après que la jurisprudence a eu maintes fois à se prononcer, de tirer de ses décisions diverses et souvent contradictoires une doctrine plus uniforme, plus sûre, basée sur les principes de jour en jour plus précis du droit international privé. Les praticiens accueilleraient avec faveur un guide qui leur épargnerait de laborieuses et difficiles recherches. Nous souhaitons que ces simples notions puissent donner à quelqu'un l'idée d'un ouvrage complet sur ces questions.

Deux principes généraux dominent toute la matière; ils devront toujours servir de guide, être toujours rappelés dans l'examen des solutions à donner à chaque espèce : principe de la non-rétroactivité des lois, du respect des droits acquis au pays annexé et à ses habitants d'une part; de l'autre, application, exécution des lois d'ordre public du pays annexant. La combinaison de ces deux principes, posés dans les art. 2, 3 et 6 du Code civil et de leurs conséquences, combinaison souvent ardue, délicate, est tout le secret des solutions.

1° *Non rétroactivité de la loi nouvelle, droits acquis* (art. 2, Code civil). — Le décret du 22 août 1860, dans le remarquable rapport qui le précède, adressé à l'empereur par le ministre de la justice, et que nous avons cité dans notre première partie, indique clairement l'intention de ses auteurs, le sens dans lequel devra se faire l'application des lois nouvelles et auquel les juges devront se conformer. Il ajoute, pour ainsi dire, à l'art. 2 du Code civil, ou du moins en ordonne l'application dans un sens très large, en sanctionnant d'une façon formelle les droits acquis et même les droits qui, d'après l'interprétation reçue de l'art. 2, ne sont pas considérés comme acquis, comme entrés dans le patrimoine, mais ne sont, suivant l'expression de M. Laurent (1), que de simples intérêts. Tels sont (nous citons le rapport) : « les contrats destinés à consacrer l'exercice légal de la puissance paternelle et à assurer le sort des familles. » Ce seraient là plutôt des questions d'état, qui ne constituent pas des droits acquis. Peut-être l'auteur du décret a-t-il voulu parler aussi des contrats faits sous la loi ancienne par des personnes alors capables et devenues incapables sous la loi nouvelle. Ces contrats seront respectés. Et il ajoute qu'il a voulu, par des dispositions précises, épargner aux pays devenus français les longs et difficiles procès dont en France a été marquée l'inauguration du Code civil. Le but n'a pas toujours été atteint ; les dispositions du décret lui-même ont soulevé des controverses ; mais la pensée du législateur est facile à saisir ; il a voulu, alors même

1. M. Laurent, t. I, n° 153 et suiv.

que, d'après les règles ordinaires, une loi devrait rétroagir, ménager autant que possible les intérêts particuliers, éviter les froissements que produit l'introduction d'une législation nouvelle, surtout en matière d'annexion.

2° Restriction basée sur l'ordre public. — Si la notion du droit acquis est difficile à préciser, celle de l'ordre public, qui doit en être la contre-partie dans notre étude, l'est encore bien davantage. Rien de plus obscur, de plus incertain. L'ordre public est entendu par chaque pays à sa façon ; il subit la loi du temps et du milieu : « Vérité en-deçà des Pyrénées, erreur au-delà. » Dans le même pays, les idées sur l'ordre public changent avec le temps : avant la loi du 27 juillet 1884, la prohibition du divorce était d'ordre public en France ; aujourd'hui le divorce est permis et organisé par la loi.

Aussi, on ne saurait trop recommander de ne pas abuser du prétendu principe de l'ordre public avec lequel on pourrait justifier les décisions les plus arbitraires. Les auteurs du décret du 22 août ont compris d'une façon très modérée l'ordre public ; et cela avec d'autant plus de raison que nous sommes ici en matière de droit international.

L'ordre public international doit être entendu moins étroitement que l'ordre public interne, dont il est, pour ainsi dire, une diminution. Les lois d'ordre public international sont celles auxquelles l'application des lois étrangères ne peut porter atteinte ; elles sont par cela même, et à plus forte raison d'ordre public interne, en ce sens que les conventions particulières des nationaux ne sauraient les enfreindre.

Mais la réciproque n'est pas vraie ; ce serait une erreur de croire que les simples dispositions d'ordre public interne sont protégées contre l'application des lois étrangères.

Ainsi, un étranger peut faire appliquer en France les lois composant son statut personnel.

C'est comprise de cette façon que nous adopterions la résolution votée à Oxford par l'Institut de droit international : « En aucun cas, les lois d'un État ne pourront obtenir reconnaissance et effet dans le territoire d'un autre État si elles y sont en opposition avec le droit public et avec l'ordre public » (*Annuaire*, t. V, p. 57).

En dehors des lois de droit public et de droit pénal (art. 3, Code civil, 1º), dont le caractère absolument général d'ordre public n'est pas contestable, la notion de l'ordre public rentre dans l'incertitude. Il vaut mieux alors laisser au juge le soin de dire, dans un cas déterminé, quand une loi est d'ordre public international, et devra, en conséquence, l'emporter sur une loi étrangère ou les conventions particulières.

Nous allons faire quelques applications succinctes de ces principes à diverses matières de droit civil : état et capacité des personnes, droits de famille, contrats, propriété, donations, hérédités.

L'état est la capacité des personnes, ne constituant pas des droits acquis, les lois qui les régissent s'appliquent immédiatement aux individus (art. 3, Code civil, 3º), sans que pour cela elles aient un effet rétroactif. Les actes passés sous l'ancienne législation, alors que les contractants étaient capables, se conformaient à la loi qui les ré-

gissait au moment du contrat et qui était leur loi naturelle ; ces actes resteront valables, ils constituent
un droit acquis. On applique la règle : *tempus regit
actum.*

S'il s'agit de la forme des actes, il faut suivre la règle
admise en droit international pour les personnes contractant sur un territoire qui leur est étranger : *locus regit actum.* L'acte doit être passé suivant les formes du lieu où
se trouvent les contractants au moment de la formation
du contrat. Si cette règle est admise pour les étrangers,
à bien plus forte raison faudra-t-il se reporter aux règles
de forme en vigueur au temps et au lieu du contrat,
quand il s'agit, comme en matière d'annexion, de personnes qui, à cette époque, ne faisaient que se soumettre à
leur loi nationale, sur le sol de leur patrie.

S'agit-il des conditions de validité au fond, des clauses
qui peuvent être insérées dans une convention ? On admet alors que les parties sont libres de stipuler toutes
les clauses qui ne sont pas contraires à l'ordre public et
aux bonnes mœurs (art. 6 code civil), d'adopter d'une façon générale, et même sans les détailler, les dispositions
d'une législation étrangère, pourvu qu'aucune des applications de cette législation ne trouble en France l'ordre
public, entendu de la façon que nous avons précisée. Les
conventions, en effet, sont la loi des parties (art. 1134,
Code civil). La volonté des parties est autonome, et spécialement les art. 1387 du Code français et 1508 du Code
sarde disposent que les époux peuvent faire, dans leur
contrat de mariage, toutes les conventions qu'ils jugent à
propos, pourvu qu'elles ne soient pas contraires aux

bonnes mœurs. La loi ne régit l'association conjugale quant aux biens qu'à défaut de conventions spéciales. C'est précisément quand les conventions seront muettes qu'il s'agira d'interpréter la volonté des parties, de déterminer la législation à laquelle elles sont censées avoir voulu tacitement se soumettre. Même pour le cas où il y aurait des conventions expresses, ces conventions peuvent être très générales, très sommaires; il s'agit alors de les compléter par les dispositions législatives concernant le régime que les contractants ont voulu adopter. Cette présomption de la volonté des parties, au cas où les faits de la cause la laissent dans le doute, avait été l'objet de débats célèbres entre nos anciens jurisconsultes, notamment entre Dumoulin et d'Argentré. Ces jurisconsultes y voyaient une des difficultés les plus épineuses que peut soulever le conflit des coutumes; ils l'appelaient la « *famosissima quæstio.* » La controverse se continue pour les conflits de législations. Dans le silence des époux sur leurs rapports pécuniaires, les uns les soumettent à la loi du lieu où le mariage a été célébré; d'autres préfèrent la loi du domicile; enfin, une troisième opinion leur applique la loi personnelle du mari qui, dit-on, va devenir la loi commune des époux. La jurisprudence, suivant en cela l'ancienne théorie des statuts et interprétant d'une façon excessive l'art. 3, 2° du Code civil, incline à considérer le régime matrimonial concernant les immeubles, l'inaliénabilité dotale, comme faisant partie du régime de la propriété immobilière, réglé par les lois de statut réel; elle limite aux meubles l'interprétation de la volonté des parties (1). La grande majorité des auteurs, appuyés aussi par de nombreux arrêts, appliquent la loi nationale des parties au moment où le contrat s'est formé (2).

Mais si la solution peut être contestée quand il s'agit du fait exceptionnel de personnes contractant sur un territoire étranger, elle ne peut plus faire de doute quand il s'agit du fait normal de personnes contractant dans leur patrie, au lieu de leur domicile, en se conformant à leur loi nationale, qui est en même temps celle du lieu du contrat. Le fait de l'annexion survenu postérieurement ne change rien à cet état de choses ; les contrats accomplis sous l'ancienne législation produiront sous la nouvelle leur plein et entier effet, (toujours sous la réserve de l'ordre-public).

C'est aux dispositions de la loi sarde qu'il faudra se reporter pour régler les rapports pécuniaires des époux annexés, mariés sans contrat avant le 22 août 1860.

Nous ne pourrons que donner un aperçu sommaire des dispositions originales du code sarde, de celles qui diffèrent le plus de notre législation, et que nos tribunaux devront néanmoins appliquer.

La Savoie, le comté de Nice, et tous les États sardes, étaient des pays de droit écrit, soumis à des législations analogues à celles qui étaient en vigueur dans les pays de droit écrit français avant 1789. Le fondement de tou-

---

1. Cass. siv. 83, 1. 65.

2. A. Fœlix, t. I, p. 214. — Weiss, p. 694, cite de nombreux auteurs. — Aubry et Rau, t. V, p. 276. — Renault, *Rev. crit.*, 83, p. 730. — Chambéry, D. 62, 5, 86. Aix, D. 83, 2, 22.

tes ces législations était le droit romain. Mais à côté, l'influence coutumière, féodale, chrétienne ont fait naître des institutions inconnues des Romains, institutions qui pouvaient varier dans leurs détails, parce que chaque province jouissait de son autonomie civile ; mais dont les grandes lignes se trouvaient dans tous les pays où étaient en vigueur des dispositions sur les mêmes matières. Le Code civil de Charles Albert de 1837, en établissant l'unité de législation civile dans les États, a conservé beaucoup de ces anciennes institutions, tout en les modifiant, quelquefois de façon à les dénaturer.

CHAPITRE I

ÉTAT ET CAPACITÉ DES PERSONNES ; DROITS DE FAMILLE.

§ Ier. — *Des actes de l'état civil.*

L'art. 2 du décret du 22 août 1860 laisse en viguer jusqu'au temps fixé par le sénatus consulte du 12 juin, c'est-à-dire jusqu'aux 1er janvier 1861, les dispositions du Code sarde relatives à la tenue des actes de l'état civil, aux formes du mariage. à l'usufruit légal des père et mère sur les biens des enfants mineurs. Comment prouver aujourd'hui les naissances, mariages, décès, qui ont eu lieu avant le 1er janvier 1861 ? Quelles étaient les conditions de validité de ces anciens actes de l'état civil ? Qui est maintenant propriétaire des registres originaux ?

Dans les États sardes, les registres de l'état civil étaient tenus par les curés des paroisses, à peu près de la même façon qu'en France avant la révolution, avec des différences cependant que nous signalerons. Ils servaient à un double but : à établir l'état religieux, et l'état civil des sujets. Cette organisation remonte pour la Savoie, au règlement particulier du Sénat du 3 avril 1560, renouvelé dans les royales constitutions (liv. 3, chap. I à II). Nous lisons dans ce règlement : « lesquels registres ainsi signez seront remis chacun an et chacun dernier jour du mois de décembre... par devers les juges ducaux ou au-tres... pour être fidèlement gardez ès greffes desdits ju-ges et y avoir recours quand besoin sera ». Les détails de la rédaction sont contenus dans un arrêt réglemen-taire du 18 décembre 1566. En France la première or-donnance sur la matière est celle François Ier, de Villers-Cotterets (1539), mais elle n'ordonne que la tenue des actes de naissance et de décès de certaines personnes.

L'ordonnance de Blois (1579), est venue en combler les lacunes en exigeant de tenir registres des naissances, mariages, décès. Louis XIV en 1667, ordonna la tenue en double par original et par copie. Louis XV par son or-donnance du 9 avril 1736 exigea deux originaux, dont l'un devait rester à la paroisse, tandis que l'autre devait être déposé au greffe du bailliage.

En Savoie, il résulte du règlement de 1560, expliqué par les constitutions royales, que dès cette époque une copie exacte des registres devait être remise au tribunal de judicature mage (1re instance) de la province, pour être conservée au greffe. Cette organisation est antérieure au concile de Trente, qui dans sa session 24, (chap. I et II), fait une obligation rigoureuse à tous les curés, de tenir registre spécial pour les baptêmes, mariages, sépultures, de garder ces registres chez eux avec diligence. Il est vrai que le concile n'a pas institué cette pratique, mais n'a fait que la rendre plus rigoureuse. L'origine des re-gistres de baptême et de sépulture remonte aux premiers siècles du christianisme. Celle des registres de mariage est moins ancienne, mais elle remonte bien plus haut que le concile de Trente. A Rome, il n'a jamais existé de registres de l'état civil, quoique on l'ait soutenu mais à tort.

Jusque au Code civil, mis en vigueur le 1er janvier 1838, et aux lettres-patentes du 20 juin 1837, la rédaction des actes de l'état civil, conférée aux curés, avait lieu en latin, et suivant les formules de Rituel romain, édicté par l'ordre de Paul v. en 1614. Quand le syndic (maire), avait besoin de l'extrait d'un acte, le curé lui en délivrait un, après l'avoir traduit en français.

En 1837, le roi Charles-Albert, désirant que les actes de l'état civil fussent rédigés en langue française en Savoie, et avec une formule un peu plus détaillée, s'est concerté à cet effet avec le Saint-Siège sur les dispositions qu'il convenait d'adopter, parce que « il s'agissait de registres qui devaient avoir un objet à la fois religieux et civil ». Les propositions du roi furent acceptées en Cour de Rome. Alors furent publiées les lettres-patentes du 20 juin 1837 qui contiennent les dernières dispositions législatives sur les actes de l'état civil avant 1860. Ces règles sont analogues à celles du code civil français, avec des différences cependant qui tiennent surtout à leur double caractère religieux et civil. Le Code Albertin contient très peu de choses sur cette matière. L'art. 61 renvoie aux lettres patentes.

Désormais les actes devront être rédigés en *double original*. A la fin de chaque année, le curé clôt et signe le registre. Un des deux originaux et une copie collationnée et attestée conforme, sont transmis à l'ordinaire diocésain, qui garde cette copie dans sa chancellerie, et fait parvenir le registre-original au juge-mage de la province (juge de première instance) (art. 7 des L. P.), pour le déposer dans les archives de l'insinuation (enregistrement art. 51). Ainsi l'un des originaux devait demeurer dans les archives de la paroisse, l'autre dans celles de la province. Les extraits étaient délivrés par le curé, sur papier libre, suivant le modèle annexé aux registres imprimés (art. 8).

La paroisse était et est demeurée propriétaire de son original. Pendant la Révolution il est vrai, les registres avaient été déposés aux municipalités ; mais en 1815 ils furent rendus aux paroisses en vertu d'une circulaire de l'Intendant général de la Savoie du 18 février. Ceux qui avaient été tenus par les maires pendant la domination française devaient rester aux archives des communes. Les extraits de ces derniers devaient être légalisés par les intendants (sous-préfets). En 1860 le gouvernement français a fait copier tous les actes depuis 1814. Ces copies certifiées conformes par le greffier du tribunal de première instance (anciennement de judicature mage) ont été déposées aux archives des communes ; et aujourd'hui c'est le maire qui en délivre des extraits conformément à l'art. 45 du Code civil.

Les Lettres-patentes du 20 juin 1837, avaient prévu que la tenue des actes de l'état civil par les curés catholiques pourrait blesser ceux qui appartiennent à un culte dissident. Au lieu de faire constater leur état civil par des officiers de justice comme l'avait établi en France l'ordonnance de Louis XVI de 1787, on préféra suivre le système de l'édit de Nantes, à savoir, laisser aux ministres de chaque culte le soin de constater l'état civil de leurs coreligionnaires.

Les art. 39 40 et 41 imposent aux ministres et rabbins les mêmes formalités qu'aux curés ; et en plus l'obligation d'énoncer toutes les indications tendant à prouver que la célébration du mariage a eu lieu suivant les rites, règlements et usage de leur culte. Les copies de tous ces actes sont aujourd'hui aux municipalités.

§ 2. — *Mariage.*

Le code de Charles-Albert dans son chapitre V, s'occupe du mariage, mais c'est pour indiquer que cette matière est du ressort du pouvoir ecclésiastique.

Art. 108. — La célébration du mariage a lieu suivant les règles et avec les solennités prescrites par l'église catholique ; sauf ce qui est établi ci-après relativement aux sujets non-catholiques et aux juifs. Et le mariage des non-catholiques n'est pas réglé par la loi civile : Art. 150 ; « Les fiançailles et les mariages entre personnes qui professent un culte toléré dans l'État, sont régis par les usages et réglements qui les concernent. »

Ces mariages sont reconnus par la loi qui n'en règle que les effets civils.

Le cas des personnes qui ne professent aucun culte n'est pas prévu. La loi a pensé, elle était peut-être dans le vrai, au moins dans les États Sardes, que s'il y a des personnes ne professant aucun culte, toutes appartenaient originairement à un culte déterminé, et c'est aux ministres de ce culte qu'elles devront s'adresser pour la célébration de leur mariage ; ce sont les règles de ce culte qui en détermineront les conditions.

Le code s'occupe encore de certaines conditions que n'exige pas la loi ecclésiastique, et qui, déjà dans l'ancien droit Français ont fait l'objet de discussions célèbres ; nous voulons parler du consentement des père et mère ou ascendants.

Art. 106. — « Les contractants devront en outre obtenir le consentement des père et mère, ou tout au moins du père ; si celui-ci est décédé ou empêché, il suffira du consentement de la mère ; à défaut du père et de la mère, on exigera celui des ascendants paternels les plus proches.

Lorsque les petits-enfants seront sous la puissance de l'aïeul paternel, le consentement de ce dernier tiendra lieu de celui du père.

En cas de minorité des contractants, s'il n'existe aucun des ascendants ci-dessus désignés, qui puisse donner son consentement, il y sera suppléé par celui du conseil de famille (Comp. art. 148 à 160, code civ. français). »

Mais la sanction de ce défaut de consentement n'est pas la nullité.

Art. 109. — Les enfants mâles de tout âge, qui se marieraient contre le gré de l'ascendant dont le consentement est requis par la disposition de l'art. 106 ne pourront le contraindre qu'à la prestation des aliments strictement nécessaires ; ils conservent cependant leur droit à une part légitimaire sur la succession de cet ascendant, qui pourra même les en priver, s'ils se marient sans son consentement ou a son insu, avant l'âge de 30 ans accomplis.

Pour les femmes, la sanction est presque la même, sauf de légères différences.

Art. 110. — Les femmes qui se marieraient sans le consentement de l'ascendant ci-dessus désigné, ne pourront exiger de lui que les aliments strictement nécessaires, et seulement dans le cas où leur mari ne serait pas à même de fournir à leur entretien ; tout droit à une part légitimaire ou à une dot leur est cependant réservé après le décès de l'ascendant, qui pourra les en priver, si elles se marient sans son consentement ou à son insu, avant l'âge de vingt-cinq ans accomplis.

Ces sanctions seront appliquées quand les ascendants ne seront intervenus ni aux fiançailles ni au mariage, et nieront y avoir consenti ; il y a alors présomption de défaut de consentement, à moins que les enfants ne fournissent la preuve contraire (art. 111).

Elles ne seront pas applicables quand les enfants justifieront, par devant le Sénat, que le refus des ascendants est dénué de motifs légitimes (art. 112).

Ces dispositions du Code civil étaient tirées en partie des lettres-patentes du 16 juillet 1782.

L'ancien droit français était allé plus loin. Il avait commencé par priver simplement de ses effets civils le mariage contracté sans le consentement des ascendants ; il avait d'abord prononcé des peines, des déchéances, permis l'exhérédation contre les contrevenants (Édit de 1556, Ord. de Blois, 1579). La déclaration de 1639 frappait de déchéance les conventions matrimoniales des époux et privait leurs enfants des droits de succession. Mais la nullité n'avait pas encore lieu. Plus tard on s'attaqua à la validité même ; mais il ne fallait pas heurter de front le droit canonique qui n'admettait pas la nullité. On trouva un moyen subtil et détourné de soutenir la nullité en s'appuyant sur le droit canonique lui-même. Le rapt de séduction était considéré par le droit canonique, disait-on, comme un empêchement dirimant, une cause de nullité. On présuma victime d'un rapt de séduction la personne mineure de vingt-cinq ans, sans distinction de sexe, qui s'était mariée sans le consentement de ses ascendants ou de son tuteur (V. Pothier) ; la présomption devint légale et absolue. Dès lors la nullité pour défaut de consentement des ascendants pouvait être demandée. On conserva cependant le droit d'exhéréder (1). Le Code civil n'est guère allé plus loin (art. 182-182). Il admet la ratification expresse ou tacite, et fixe à un temps très court le délai pendant lequel la nullité peut être demandée : pour l'époux qui avait besoin du consentement, une année à partir de sa majorité ; pour ceux dont le consentement était requis, une année depuis qu'ils ont eu connaissance du mariage.

Le consentement des père et mère ou ascendants se rattache à la tradition romaine. A Rome il fallait : 1° le consentement de l'ascendant en la puissance de qui chacune des parties se trouvait soumise ; 2° le consentement de tous ceux en la puissance de qui devaient se trouver un jour les enfants à naître du mariage. C'était une nécessité de la *patria potestas ;* on ne pouvait entrer sous la puissance d'une personne malgré elle.

Rien de semblable n'existait en Germanie. L'Église, favorable à la liberté des mariages, avait accepté la tra-

---

1. M. Lefebvre à son cours.

dition germanique (1) ; mais, nous dit Pothier, et après lui Merlin, elle ne s'est jamais élevée contre les lois civiles qui exigent que le mariage soit précédé du consentement des ascendants; elle a regardé au contraire comme des fornicateurs ceux qui se marient sans ce consentement (2).

Le concile de Trente, tout en blâmant les mariages faits sans le consentement des parents, se refuse à les déclarer nuls (Sess. 24). « Le décret qu'il rendit à cette occasion, dit Cot (3), a beaucoup occupé les théologiens et les canonistes, ils ont cherché à le concilier avec les lois et les usages des pays où le mariage serait nul faute de consentement. Nous avons beaucoup moins à nous en occuper. Nos lois, en harmonie avec la décision du concile, ne requièrent le consentement que « *ex honestate, non ex necessitate.* » Antoine Favre, dans son Code (liv. V, tit. II, *De nuptiis*, définition II) s'exprime ainsi : « *Ita post sacrosanctum Concilium Tridentinum, quo in causis matrimonialibus utimur, ut et in cæteris, quæ ad animam et ad sacrosancta Ecclesiæ sacramenta pertinent, dubitationem habere desiit, Constitutum enim est, ut non eo minus valeat matrimonium, quod patris consensus non intervenerit, si modo nihil desit ex solemnitatibus requisitis.* » En Savoie, dit Févret, le concile est reçu en ce point, quant à la foi et les sacrements, et non pour autre chose, surtout en ce qui peut regarder le temporel ou les autorités et juridiction

1. M. Lefebvre à son cours. *Décrétales*, liv. 4, t. V, Const. 6.
2. Décret de Gratien, can. 42, caus. 20, quest. 5.
3. Dictionnaire lég. sarde.

du roi (1). Les lois des États sardes exigent le consentement des parents, mais ne le sanctionnent pas par la nullité du mariage (2).

Tel était le point principal et spécial à la fois, dont traitait le code sarde au chapitre du mariage.

Il règle encore les fiançailles, mais seulement au point de vue de l'action civile qu'elles peuvent produire, des dommages qui peuvent être réclamés par devant le tribunal de judicature-mage, quand le juge ecclésiastique se sera prononcé sur la validité. (Art. 107). Pour tout ce qui concerne la nature des fiançailles, la manière de les contracter et de les dissoudre, pour tout ce qui a trait à la nature du mariage, à ses conditions intrinsèques et extrinsèques de valité, c'est-à-dire à sa formation, aux nullités qui peuvent en résulter, le code civil s'en réfère aux lois ecclésiastiques des différent cultes, auxquelles il attribue une compétence essentielle en matière de mariage,

1. « C'est ce que nous apprend la tradition venue jusqu'à nous et confirmée par une précaution que prit le Sénat en l'année 1645. Car le rév. Paul Millet, évêque de Maurienne, rendit une certaine ordonnance à l'égard des chanoines de la Chambre, appuyée sur la disposition du dit Concile, par laquelle on pouvait induire qu'il le voulait observer en tous ses points, même en ceux qui n'ont pas été reçus. Le Sénat en exigea une explication du rév. évêque, lequel donna sa déclaration le 25 juillet 1645, par lui signée, par laquelle il déclara que par ses ordonnances il n'avait entendu les obliger qu'aux décrets du concile, qui concernaient l'administration des sacrements, cure des âmes, et généralement ce qui est utile pour le bon et louable règlement de l'Eglise ; mais que pour ce qui regarde le temporel, notamment l'autorité du prince, il n'avait entendu rien innover, ou définir aucun article, vu qu'en semblable matière il voudrait lui-même s'adresser au prince et à ses magistrats » (Cot.).

2. Dubois, vol. 7, p. 56 ; Mansard, 11, 217.

qu'il considère comme en dehors du ressort l'autorité civile, suivant en cela le canon 12, session 24 du Concile de Trente : « *Siquis dixerit, causas matrimoniales non spectare ad judices ecclesiasticos ; anathema sit.* »

Les règles des différents cultes sur le mariage étaient devenues légales, puisque le droit civil ne reconnaissait que celles-là, et les sanctionnait en leur faisant produire tous les effets civils du mariage. — Ce sont ces prescriptions qui régissent encore aujourd'hui tous les mariages célébrés en Savoie et à Nice avant le 22 août 1860, à l'exception de celles dont les conséquences pourraient être contraires à l'ordre public français absolument général.

Les effets civils tels que la paternité et la filiation sont régis par la loi française.

Il va sans dire que s'il s'agissait de demander la nullité d'un mariage célébré avant 1860, on ne pourrait plus s'adresser au juge ecclésiastique, parce que les questions d'organisation judiciaire, de compétence, sont essentiellement d'ordre public, mais les tribunaux civils appelés à statuer devraient se rapporter à la loi du temps et du lieu où le contrat a été formé, comme c'est la règle en droit international privé.

Nous n'avons pas à examiner ici les lois canoniques, sur cette matière ; qu'il nous suffise de rappeler que la théorie des empêchements, l'expression elle-même, la théorie des nullités nous viennent de l'ancien droit, et par conséquent du droit canonique, avec des modifications cependant que nous ne ferons qu'indiquer d'une façon sommaire.

Dans l'ancien droit français et le droit sarde avant

1860, la théorie sur les empêchements dirimants et les nullités était déterminée par des textes disséminés, par la tradition, la doctrine.

Le droit civil français au contraire contient un ensemble de dispositions codifiées, et n'admet que les nullités des textes.

Aujourd'hui la théorie des nullités, leur nombre, leur nature, leur durée sont bien établis.

Il y a les nullités *absolues et perpétuelles*, corrélatives aux mariages *nuls ou inexistants*; elles peuvent être proposées par toute personne qui y a intérêt : elles ne se couvrent ni par le temps ni par la ratification.

Il y a les nullités *relatives et temporaires* se référant aux mariages simplement *annulables, imparfaits, vicieux*, mais qui ont un commencement d'existence ; elles ne peuvent être invoquées que par certaines personnes que la loi désigne limitativement ; elles se couvrent par la ratification, par le temps ; tandis que les mariages frappés de nullité absolue n'ayant jamais eu d'existence ne peuvent être ratifiés. Dans la première catégorie, on peut ranger : 1° le *défaut absolu de consentement* par suite de folie, imbécillité, état d'ivresse ; 2° le défaut de l'échange solennel des consentements devant *l'officier de l'Etat civil* de l'une des parties et 4 témoins, et du prononcé de l'union ; on peut comprendre ces deux cas de nullité dans le défaut de publicité ou le vice de *clandestinité* parce que toutes ces cérémonies et publications ont pour but la publicité ; 3° la bigamie ou l'existence d'un premier mariage ; 4° la parentée ou alliance au degré prohibé. Les dispenses obtenues postérieurement ne valideraient point le mariage.

Dans la deuxième catégorie on place : 1° le vice du consentement provenant de l'erreur ou de la violence. La ratification expresse ou la cohabition pendant 6 mois depuis que l'époux a acquis sa pleine liberté ou que l'erreur a été par lui reconnue couvre ce vice ; 2° le défaut de consentement des parents ; 3° l'impuberté ou le défaut d'âge, qui, quoique produisant une nullité absolue, c'est-à-dire pouvant être invoquée par toute personne intéressée n'est pas une nullité perpétuelle, et peut être couverte dans les deux cas suivants : 1° lorsqu'il s'est écoulé six mois depuis que l'époux ou les époux ont atteint l'âge de puberté légale ; 2° lorsque la femme qui n'avait point l'âge requis, a conçu avant l'échéance des six mois.

Le droit canonique n'admet pas la théorie des nullités relatives. Il reconnaît, mais comme nullités absolues et perpétuelles celles que nous venons d'énumérer, à l'exception de celle résultant du consentement des parents. L'officier de l'état civil est remplacé par le curé de la paroisse ; deux témoins sont exigés.

La célébration publique, en présence du curé de la paroisse et d'au moins deux témoins, n'était pas nécessaire avant le Concile de Trente pour la formation du mariage ; le consentement des époux suffisait ; le mariage était purement consensuel.

Ces mariages étaient appelés, au livre IV des Décrétales de Grégoire IX, *sponsalia de præsenti* : on convenait dès à présent de se prendre pour époux, sans célébration ; c'était un vrai mariage, un mariage clandestin que l'Église réprimandait, mais qu'elle a toujours considéré comme valable. (1) Le Concile de Trente s'était occupé beaucoup des mariages clandestins ; on discuta longuement si on avait le droit de les annuler ; on décida que oui.

Voici le passage principal de ce fameux décret qui a été l'origine du principe moderne de la publicité des mariages par leur célébration en présence du représentant de la société : « *Qui aliter, quam præsente Parocho, vel alio sacerdote de ipsius Parochi seu Ordinarii licentia, et duobus vel tribus testibus, Matrimonium contrahere attentabunt, eos sancta synodus ad sic contrahendum omnino inhabiles reddit, et hujusmodi contractus irritos et nullos esse decernit, prout eos præsenti decreto irritos facit et annulat.* » (Sess. 24, C. 1, de ref. Mat.)

Donc, l'échange des consentements doit se faire devant le curé de la paroisse du domicile de l'une des parties, et en présence de deux témoins, à peine de nullité. Mais rien de plus n'est exigé. Le curé assiste au mariage comme témoin, comme représentant l'Église, mais il n'exerce pas un acte de sa juridiction, ce n'est pas lui qui *marie*, si on peut s'exprimer ainsi, qui prononce l'union, comme l'officier de l'état civil français. Il suffit qu'il soit présent même malgré lui, et qu'il *comprenne l'échange des consentements.*(2) Les époux restent aux yeux de l'Église, les ministres du sacrement.

La bénédiction nuptiale, le « *conjungo vos* » prononcé par le prêtre ne sont que des solennités, des cérémonies

---

1. M. Lefebvre à son cours.
2. Ferrari, *Summa institutionum canonicarum*, t. II, p. 109.

dont le défaut n'entraîne pas la nullité, tandis que dans la loi française, le sacramentel « au nom de la loi vous êtes unis » doit être prononcé par l'officier de l'état civil à peine de nullité. (1)

La double déclaration des parties qu'elles veulent se prendre pour mari et femme, déclaration reçue par l'officier de l'état civil ne suffit pas pour former le mariage.

Il faut de plus que ce dernier prononce au nom de la loi, que les parties sont unies par les liens du mariage, bien que la formule construite au passé, (2) semble plutôt constater l'existence du mariage qu'elle ne paraît le former.

L'empêchement de parenté du droit canonique est plus étendu que celui des art. 161 à 164 de notre code civil. Le mariage est interdit jusque, et y compris le 4° degré suivant la computation canonique, ce qui correspond au 8° degré de computation civile ; le nombre des degrés de cette dernière étant généralement double. En effet, d'après le droit canon il y a autant de degrés que de personnes remontant à la souche commune en ne comptant que d'un seul côté. Et si l'on veut savoir à quel degré sont deux personnes situées à inégales distances de l'auteur commun, on compte les degrés du côté de celle qui est le plus éloigné.

Le droit civil au contraire, opère le calcul sur une double échelle, compte le nombre de générations dans les deux lignes et en fait le total. Après être remonté à la

1. Demol. t. I, n° 213. — Dem. t. I, p. 336.
2. « Vous êtes unis » au lieu de « je vous unis. »

souche commune il redescend l'autre ligne jusqu'à la personne dont il veut savoir le degré de parenté. Lorsque les personnes sont à des degrés inégaux de l'auteur commun, comme le droit canonique ne compte que du côté le plus éloigné, le nombre de ses degrés ne sera pas dans ce cas doublé par le droit civil. Ainsi d'après le droit canonique l'oncle et le neveu sont au 2e degré parce que le neveu qui est le plus éloigné de l'auteur commun est au 2e degré. D'après le droit civil ils sont au 3e degré. On ajoute au degré du neveu le degré de l'oncle dans sa ligne.

En résumé, et en langue vulgaire, le mariage est prohibé entre cousins germains, cousins issus de germains, et les enfants issus de cousins germains. Cette prohibition remonte au Concile de Latran (1215) (IV, can. 50). L'alliance produit le même empêchement jusqu'au même degré que la parenté canonique. Mais il est essentiel de remarquer d'abord que l'alliance ne résulte que de la consommation du mariage, et non pas du mariage simplement contracté, ratifié ou célébré.

D'autre part cette même idée a fait résulter l'alliance de la simple union illicite, en dehors du mariage, et cette alliance est un empêchement dirimant au mariage de l'une des personnes qui se sont connues, avec les parents de l'autre. Cependant le Concile de Trente a restreint l'empêchement d'affinité par union illicite au 2e degré seulement (Sess. 24, c. 4). On sait que sous le Code civil, la question de savoir si le concubinage engendre une alliance naturelle faisant obstacle au mariage, est controversée.

Le droit canonique ajoute à la parenté naturelle la parenté spirituelle, résultant du baptême et de la confirmation, entre le baptisé ou confirmé et le baptisant ou confirmant, entre le premier et ses parrains et marraines.

Mais, comme le Président de la République lève les prohibitions aux mariages entre beaux-frères et belles-sœurs, entre l'oncle et la nièce, la tante et le neveu, de même l'Église dispense des empêchements de parenté et d'affinité qu'elle a établis *en ligne collatérale*, à l'exception bien tendu au degré de frère et sœur. L'âge requis pour contracter mariage est fixé par l'Église, d'après la loi romaine, à 12 ans pour les femmes et à 14 pour les hommes. Le défaut d'âge ou l'impuberté, peut, non pas être couvert mais faire l'objet d'une dispense par l'ordinaire diocésain : « *quando* » disent les textes, « *constet malitiam supplere defectum ætatis id est, quando puella ante 12 et mas ante 14 ætatis annum jam sunt ad actum conjugalem potentes.*» (Sanchez, de Matrim. Ferrari, *loc. cit.*).

Sous le Code civil le Président de la République peut aussi accorder des dispenses d'âge (art. 145, circ. min. Just, 1824-32).

A ces empêchements dirimants, à ces causes de nullité que nous venons d'énumérer, et qui correspondaient à peu près, avec un peu plus d'extension, à celles du Code civil, le droit canonique, et par suite l'ancien droit sarde, ajoutait :

1° Le rapt, tant que la personne enlevée reste au pouvoir du ravisseur. On peut faire rentrer cet empêchement dans les vices du consentement ; en effet, par une présomption absolue, la femme n'est pas réputée consentir librement (Conc. Trid. sess. 24, cap. 6).

Ces règles s'appliquent sûrement au rapt de violence. Quant au rapt de séduction, il y a controverse. Nos anciens auteurs qui voulaient faire du défaut de consentement des parents une cause de nullité, en le faisant rentrer dans le rapt de séduction, soutenaient que ce dernier était une cause de nullité. En effet, disaient-ils, dans le rapt de séduction, la violence il est vrai n'est faite qu'aux parents, mais c'est la même chose que si elle était faite à la fille, parce que cette dernière est sous leur dépendance. Ce raisonnement n'est pas admissible ; la violence envers les parents ne peut annuler le mariage, parce que leur consentement n'est pas nécessaire, elle ne vicie pas le consentement de la fille qui seul est indispensable.

Le Code civil ne parle du rapt qu'à propos de la paternité : lorsque l'époque de l'enlèvement correspond à celle de la conception, le ravisseur pourra être déclaré père de l'enfant (340). Le Code pénal punit les enlèvements de mineurs (art. 354 à 357).

Mais le Code civil n'en fait pas une cause spéciale de nullité de mariage. L'art. 357 du Code pénal, qui renvoie à l'art. 180 du Code civil concernant les vices du consentement nous autorise à faire rentrer le rapt de violence parmi les vices du consentement. Quant au rapt de séduction il rentre dans le dol, et le dol qui vicie les autres contrats (art. 1109 et suiv.) ne vicie pas le mariage ; l'art. 180 n'en parle pas. Déjà nos anciens auteurs disaient : « en mariage, trompe qui peut. »

2° La condition immorale, illicite ou impossible. Il

faut remarquer d'abord qu'il y a controverse entre les canonistes pour savoir si un mariage peut être fait sous condition. Puis, cet empêchement peut rentrer aussi dans les vices du consentement.

3° L'impuissance. C'est l'impossibilité, l'incapacité de consommer le mariage, existant aussi bien chez l'homme que chez la femme, et résultant soit de vices de conformation, soit de toute autre cause. L'impuissance n'est une cause de nullité que si elle est perpétuelle, incurable, et antérieure au mariage. Elle peut n'être que relative, c'est-à-dire n'exister qu'entre deux personnes déterminées. Dans ce cas les deux parties peuvent, après l'annulation, contracter un nouveau mariage avec d'autres personnes. Il ne faut pas confondre l'impuissance avec la stérilité qui n'est pas une cause de nullité.

Le Code civil n'a pas cru devoir admettre l'impuissance comme une cause de nullité, à cause des difficultés de la preuve et de la procédure. Si cependant l'un des conjoints a ignoré l'impuissance de l'autre, il peut, suivant l'opinion générale, faire annuler son mariage pour cause d'erreur sur la personne.

4° L'honnêteté publique (empêchement de droit purement ecclésiastique). C'est une quasi-affinité, naissant du mariage non consommé ou même nul, ou des fiançailles valables.

Dans le premier cas, l'empêchement est produit jusqu'au 4° degré, comme pour l'affinité ; dans le second, il n'a lieu qu'au 1er degré. C'est un effet de l'union des âmes, disent les canonistes, tandis que l'affinité résulte de l'union des corps.

La dispense peut être accordée.

5° Les ordres majeurs et vœux monastiques sont aussi des empêchements de droit purement ecclésiastique, et peuvent être levés, dans des cas rares, par dispense. — On sait que sous le Code civil la question est très controversée. La doctrine est divisée. Jusqu'en 1878, la Cour de cassation n'admettait pas la validité du mariage des prêtres ; depuis elle a admis l'opinion contraire.

6° La disparité de culte est un empêchement entre les chrétiens et les infidèles seulement ; elle est de droit ecclésiastique et peut être levé par dispense.

7° L'adultère et l'homicide. Il faut que les coupables aient eu l'intention de s'épouser ensuite. — Droit ecclésiastique. Dispense pour causes graves.

C'est à ces causes de nullité que devront se reporter les tribunaux français appelés à juger un mariage contracté avant 1860, en Savoie ou à Nice par des catholiques. Ici la règle *locus (aut tempus) regit actum* s'applique non-seulement aux conditions de forme, conformément à l'art. 170 du Code civil, mais encore aux conditions de fond, parce qu'au moment où le mariage a été contracté, les époux n'étaient pas Français. La disposition de l'art. 170 concernant les conditions de fond n'est pas applicable. Et qu'on ne dise pas qu'elle l'est devenue par suite de l'acquisition par les époux de la qualité de Français. Les droits acquis à la validité ou à la nullité ne sont pas changés ; ce ne sont pas là des effets du mariage.

En ce qui concerne les conditions de forme, les règles

sont plus générales ; elle s'appliquent, en vertu de l'art
171, à tous les mariages des Français contractés dans les
pays où le droit canonique, le décret du Concile de Trente
sont en vigueur. Tel est le Portugal pour les mariages
des catholiques, et certains Etats de l'Amérique.

Les tribunaux civils appelés à statuer sur une séparation de corps entre époux mariés avant 1860, devront-ils
se reporter aux causes de séparation de l'ancienne législa-
lation, ou à celles du code civil ? Si l'on pouvait tirer un
argument d'analogie de ce que nous déciderons plus loin
pour la séparation de biens, il faudrait conclure en faveur des causes de l'ancienne législation. Mais nous ne
croyons pas que l'analogie soit possible. Le contrat de
mariage, en effet, n'est pas assimilable au mariage.

Un des caractères essentiels du contrat de mariage, est
de ne pouvoir subir aucun changement, aucune modification après la célébration du mariage et tant que dure
le mariage (art. 1395, code fr. et 1515, code sarde).

Toutes les conventions matrimoniales seront réglées
avant le mariage (1394-1512). La séparation de biens ne
peut apporter à ces conventions que les changements
prévus lors de la formation du contrat, soit expressément soit tacitement, par la loi en vigueur.

Peut-être pourrait-on en dire autant en ce qui concerne
le mariage et la séparation de corps quand la législation
admet la doctrine de l'indissolubilité. Mais dans les pays
où le divorce existe, on admet, et l'opinion contraire ne
s'est pas encore produite, à ma connaissance, que les
époux mariés sous la loi de l'indissolubilité peuvent aussi
bien divorcer que ceux dont le mariage a été célébré sous

l'empire de la nouvelle loi admettant le divorce. Si le divorce est possible dans ce cas, la séparation de corps l'est *à fortiori* pour les causes énumérées dans la loi nouvelle.

Nous donnerons la même solution en ce qui concerne les effets naturels et légaux du mariage, soit dans les rapports des époux entre eux, soit dans leurs rapports avec leurs enfants, en exceptant bien entendu, les rapports quant aux biens, résultant des conventions matrimoniales, dont nous traiterons ci-après.

Ces effets principaux sont l'obligation alimentaire (à moins de dispositions conventionnelles), les devoirs réciproques de fidélité, secours, assistance, le domicile légal de la femme, son incapacité, l'autorisation maritale, l'hypothèque légale, la paternité et filiation, la puissance paternelle.

Toutes ces questions sont d'ordre public et se posent à chaque instant; il n'y a pas pour elles de droits acquis. Les effets du mariage ne peuvent dépendre de la volonté des contractants. Le mariage n'est pas un contrat comme un autre; l'autonomie de la volonté y est restreinte... Il ne dépend pas des futurs d'attacher à leur union des effets que la loi dont ils relèvent ne reconnaît pas (1).

Les dispositions du code sarde en cette matière sont remplacées par la loi française. Les deux législations d'ailleurs diffèrent très peu à ce point de vue : si ce n'est quant à la puissance paternelle. Le fils de famille qui n'est pas émancipé reste soumis, d'après le code sarde

1. M. Weiss p. 671.

(art. 211) pendant toute sa vie à la puissance de son père.

Si le père est lui-même soumis à la puissance paternelle, ou s'il est décédé avant d'avoir été émancipé, ses enfants sont sous la puissance de leur aïeul paternel. »

Mais si le père a été émancipé, ses enfants, une fois déliés de la puissance de leur aïeul en restent affranchis pour toujours. Ce sont là des règles contraires à l'ordre public français. Remarquons que le décret du 22 août 1860 (art. 2) a prolongé l'usufruit légal des père et mère, comme d'ailleurs les règles du code sarde sur les formes du mariage et les actes de l'état civil, jusqu'au 1er janvier 1861. Cet usufruit durait jusqu'à 30 ans (art. 224). En cas de mariage il cessait à 25 ans pour les fils et à 21 ans pour les filles, pourvu que le consentement du père ait été obtenu (225).

L'hypothèque légale des femmes mariées était organisée dans le code Albertin, en ce qui concerne les créances garanties et le rang de l'hypothèque, sur des bases identiques à celles du code français. Mais pour conserver le rang que lui assignait la loi, l'hypothèque devait être inscrite dans les trois mois du jour où elle avait pris naissance (art. 2251), sans quoi elle n'aurait eu de rang que du jour de son inscription, suivant le droit commun.

L'inscription conservait, sans renouvellement, l'hypothèque de la femme pendant sa vie. C'était là un système intermédiaire entre celui de la loi du 11 brumaire an VII, qui soumettait sans exception toutes les hypothèques, même légales, à la grande règle de publicité, et celui de la loi du 23 mars 1855 qui n'ordonne l'inscription que dans l'année qui suit la dissolution du mariage.

Nous ne discuterons pas la question de savoir si les femmes mariées avant l'annexion de 1860, et devenues françaises depuis, ont conservé leur hypothèque légale. L'affirmative n'est pas douteuse ; même dans le système de ceux qui considèrent l'hypothèque légale comme un droit civil refusé aux étrangers. En effet les immeubles sur lesquels l'hypothèque était constituée sont devenus territoire français, les personnes au profit desquelles existait l'hypothèque sont devenues françaises ; il n'est plus question d'accorder à des étrangers la jouissance de droits réservés aux Français. Il faudra seulement pour examiner les conditions de forme et de fond de cette hypothèque avant l'application des lois françaises dans les provinces annexées se reporter aux lois anciennes.

Un des plus importants effets du mariage, la filiation légitime, et d'une façon générale les plus importantes des questions d'état, la filiation, soit légitime, soit naturelle, ne donnent pas lieu, au point de vue de l'annexion de la Savoie, à beaucoup de difficultés, parce que les deux législations, si l'on excepte la capacité de succéder, différaient peu.

Tout, du reste, se réduit à une question de preuves ; et les modes de preuves, comme l'état des personnes sont essentiellement régis par la loi nouvelle, qui est devenue la loi nationale des intéressés. On ne doit se reporter à l'ancienne législation que pour examiner la validité des actes, tels que les reconnaissances volontaires ou judiciaires, accomplis sous son empire.

Ne seraient pas valables, faites avant le 22 août 1860,

les légitimations d'enfants dont le père ou la mère étaient, à l'époque de la conception, engagé dans les ordres sacrés, ou lié par des vœux solennels de profession religieuse (art. 172, 3°). Mais la légitimation des enfants nés hors mariage d'oncles et nièces, tantes et neveux, beaux-frères et belles-sœurs, était possible (art. 171, 2°). On sait quelles vives controverses soulève sur ce point l'art. 331 du Code français. En Sardaigne cette légitimation ne pouvait avoir lieu par mariage subséquent, il fallait un rescrit du roi (art. 173). Ce dernier mode de légitimation, qui vient de la tradition romaine, n'existait pas seulement pour le cas que nous venons de citer. Il était employé quand de graves motifs s'opposaient à la légitimation par mariage.

Beaucoup de bons esprits regrettent son absence de la législation française.

Quant au mariage subséquent il légitimait l'enfant légalement reconnu, quand même la reconnaissance n'aurait eu lieu qu'après la célébration du mariage.

C'est encore là un *desideratum* de la loi française; on a pu oublier de reconnaître l'enfant lors de la célébration du mariage, et cet enfant d'un père et d'une mère légitimement mariés, ne peut plus jamais acquérir la qualité d'enfant légitime.

La reconnaissance d'enfants nés d'oncles et nièces, tantes et neveux, beaux-frères et belles-sœurs, était valable (art. 180).

La recherche de la paternité était admise comme dans le Code français dans le cas d'enlèvement, et en outre dans les deux cas suivants : 1° dans le cas de viol, aux mêmes conditions que pour l'enlèvement, c'est-à-dire lorsque l'époque du viol se rapportait à celle de la conception ; 2° lorsqu'on représentait un écrit émané de l'individu désigné comme le père de l'enfant, et par lequel cet individu déclarait sa paternité, ou duquel il résulterait qu'il avait donné à l'enfant une suite de soins à titre de paternité (art. 185).

On peut se demander si les deux cas ci-dessus ayant été réalisés avant 1860, l'enfant pourrait aujourd'hui encore rechercher son père. Nous ne le pensons pas. L'art. 340, les moyens de preuve qu'il organise, sont considérés comme d'orde public. Il va sans dire que la paternité prouvée avant 1860 dans les deux cas prévus par le Code sarde, constitue un droit acquis pour l'enfant.

La filiation naturelle reconnue ou prouvée avait moins de conséquences sous la législation sarde que sous le Code français, parce que les droits successoraux de l'enfant naturel étaient bien plus restreints (v. ci-après successions). Toutefois ces exceptions à la règle qui défend la recherche de la paternité était un progrès immense : cette fois, le Code sarde était en avant du Code Napoléon. C'était un acheminement vers la doctrine qui veut faire disparaître la prohibition de l'art. 340 du Code civil (1).

§ 3. — *Incapables.*

Les lois concernant la capacité des personnes, comme celles concernant leur état, sont celles de la nation à la-

---

1. Col., p. 949.

quelle ces personnes appartiennent. C'est là un principe d'ordre public. Il n'y a pas de droits acquis à une capacité déterminée ; le législateur peut la changer ; le changement de nationalité par l'annexion produit le même effet. La loi nouvelle seule règlera désormais la capacité des personnes. Mais il faudra tenir compte des faits accomplis sous l'empire de la législation ancienne. Ce point de vue n'est pas sans soulever quelques questions.

Les incapacités sont la privation de la jouissance ou de l'exercice d'un ensemble de droits. Elles résultent tantôt de causes naturelles, telles que l'âge, l'infériorité intellectuelle ; la loi alors protège la faiblesse, elle organise la tutelle des mineurs et des interdits ; tantôt de mesures prises par la loi en vue du maintien de l'ordre dans les familles, telle est l'incapacité de la femme. D'autres incapacités sont commandées par un intérêt social ; elles résultent de certaines condamnations pénales. D'autres enfin frappent les étrangers et certaines religions, certaines professions.

Les règles sur la capacité des mineurs, des interdits, des femmes mariées, les nullités qui résultent des actes accomplis par ces incapables, étaient, dans le Code sarde, à peu près identiques à celles du Code français. Nos art. 215 à 226, 457 à 467, 502, 503, 504, 1125, 1304 à 1314, sont reproduits dans les art. 129 à 139, 331 à 334, 384, 385, 386 1215, 1395 à 1407 du Code Albertin.

Pour les femmes et les fils de famille majeurs, nous trouvons des incapacités inconnues dans notre Code, entr'autres les fameux sénatus-consultes Velléien et Macédonien.

D'abord en ce qui concerne les femmes, la plus importante, et on pourrait ajouter la plus odieuse des incapacités, est celle qui prive les sœurs et leurs descendants de la succession de leur père, de leur mère, de leur frère, de l'ascendant mâle paternel, lorsqu'ils sont en présence des frères ou des descendants mâles de ceux-ci, et les réduit à une part légitimaire, s'il s'agit de la succession du père, de la mère ou d'un descendant mâle paternel, les réduit au tiers de la portion virile s'il s'agit de la succession d'un frère (art. 942 à 949).

La légitime qui correspond à notre réserve lui est bien inférieure; la quotité disponible, en présence de un ou deux enfants, est des deux tiers des biens (719), au lieu de la moitié et du tiers de notre art. 913. Elle est de la moitié en présence de plus de deux enfants, tandis que dans notre Code elle n'est que du quart.

Dans l'ancienne Rome, déjà réduites à ne pouvoir transmettre leurs biens à leurs enfants par la loi des XII Tables, les femmes furent exclues de toute succession par la loi Voconia (an 594 de Rome fondée), à l'exception des sœurs agnates. Mais le préteur, défavorable au lien purement civil de l'agnation, vint au secours des femmes par le moyen de la *bonorum possessio unde cognati* (loi 1, § 3. D. liv. 38, t. VIII), en admettant à la succession les parents par les femmes à défaut d'agnats, et les femmes agnates au-delà du degré de sœur.

Les sénatus-consultes Tertullien et Orphitien (vers l'époque d'Adrien) établirent la succession réciproque des mères et de leurs enfants. Enfin Justinien, par ses Novelles 118 et 127 fit cesser toute distinction entre les agnats et les cognats, entre l'homme et la femme.

Sous l'empire des royales Constitutions (liv. 5, t. 7), la part légitimaire était remplacée par une dot congrue constituée par les ascendants, ou à leur défaut par les plus proches agnats.

Ces exclusions devraient être appliquées au partage d'une succession ouverte avant le 22 août 1860, parce que les droits sont acquis aux héritiers favorisés.

L'art. 2054 du code Albertin était ainsi conçu : « Les femmes ne peuvent être cautions ni se rendre responsables, en aucune manière, des obligations d'autrui, sans l'autorisation du tribunal de judicature-mage, qui, avant de l'accorder, devra s'assurer si la femme jouit d'une entière liberté, si elle n'est point entraînée par dol ou par captation à s'obliger comme caution, et si cet engagement a une cause juste et raisonnable. »

En ce qui concerne les femmes mariées, le tribunal devra, en outre, s'assurer que le cautionnement a lieu non seulement pour des motifs légitimes, mais encore dans l'intrêt de la famille. Art. 2055 : les formalités prescrites par l'article précédent, doivent être observées sous *peine de nullité :* - - 2056 : la femme marchande publique n'est point soumise à ces formalités pour les actes relatifs à son commerce. C'est bien là la vieille prohibition du sénatus-consulte Velléien. Et le code sarde étend la prohibition à la faculté de faire une donation. Art. 1124, *in fine :* « La donation faite par une femme est soumise d'abord à la règle générale de l'homologation, et en outre à l'avis de deux de ses parents, et à défaut, de deux amis de la famille. » En règle générale, les donations faites en vue d'un mariage sont dispensées de l'homologation. La femme, elle, n'en est dispensée que dans les deux cas suivants : 1° si la donation est faite à titre de dot ou d'augmentation de dot en faveur de ses descendants, de ses sœurs ou des descendants de ses frères et sœurs ; 2° si la donation est faite à titre de gains nuptiaux par l'épouse en faveur de l'époux, pour le cas de survivance de ce dernier, pourvu que ces gains n'excèdent pas la moitié de la dot en propriété s'il n'y a point d'enfants nés du mariage, et en usufruit s'il en existe. La sanction de ces prohibitions est la nullité (Art. 1123).

L'origine de ces incapacités remonte aux règnes d'Auguste et de Claude qui avaient interdit aux femmes de s'engager pour leurs maris, dans le but de les protéger contre une influence facile à subir et souvent désastreuse (1) La jurisprudence étendit l'interdiction ; elle défendit à toute femme mariée ou non de s'engager, de se rendre caution pour autrui, et, d'une façon plus générale, *d'intercéder*, c'est-à-dire de se rendre responsable des obligations d'autrui sans intérêt personnel. C'est bien la formule de notre art. 2054, C. s. Cette jurisprudence fut érigée en loi sous le règne de Claude, vers l'an 46, et votée par le Sénat sur la motion des consuls Marcus Silanus et Velleius Tutor. Ce dernier lui a donné son nom. La sanction était la nullité absolue. Justinien valide l'intercession de la femme pour autrui lorsque celle-ci l'aura ratifiée après sa

---

1. Accarias, t. II, p. 387.

majorité de 25 ans ; ou bien lorsque dès le début l'obligation aura été constatée par acte public, et que la femme aura reçu quelque chose. Il maintient la prohibition absolue au cas où la femme s'engagerait pour son mari (Lois 22, 23. (Cod. sct. Vell.)

Notre art. soumet la validité de l'intercession pour autrui à l'autorisation du tribunal de judicature-mage (1re instance), qui devra examiner si la femme a de justes motifs de s'engager, et si c'est une femme mariée, il devra s'assurer en outre si le cautionnement a lieu dans l'intérêt de la famille.

Nous croyons que la nullité qui résulterait du défaut de l'autorisation de l'art. 1054 est une nullité absolue et perpétuelle, parce qu'il ne s'agit pas là de l'incapacité résultant du défaut d'autorisation auquel la loi ne fait produire qu'une nullité relative ; mais bien d'une incapacité générale s'appliquant même aux femmes non mariées. C'est d'ailleurs la tradition, et si la loi avait voulu y déroger elle l'aurait dit formellement.

En conséquence, seront nuls les engagements pour autrui contractés par des femmes en Savoie ou à Nice avant le 22 août 1860.

« Cette institution, dit M. Gide. (*De la condition privée des femmes* p. 2). dont l'objet est si restreint, a étendu ses applications et son influence dans toutes les parties du droit privé. Elle remonte aux premières années de notre ère, et a su persister à travers les âges, s'imposer à des races nouvelles, résister au choc violent des révolutions comme à l'action dissolvante du temps, et se maintenir enfin jusqu'à nos jours, encore vivace et pleine d'avenir, chez plusieurs peuples de l'Europe. Chez la plupart, elle a longtemps été la loi régnante ; chez quelques-uns, elle n'a succombé qu'après un long conflit et ceux-là mêmes qui l'ont le plus énergiquement répudiée, n'ont pu se soustraire à son influence.

« C'est que le sénatus-consulte Velléien n'est pas un accident législatif dû aux caprices d'un prince ou aux exigences d'un moment. Il remonte par ses origines aux premiers âges de l'histoire, de même que par son influence persistante, il se perpétua jusqu'à nos jours. Si sa date et sa forme particulière le rattachent à une époque et à un peuple éloignés de nous, au fond il recèle une question qui est de tous les pays et de tous les temps. Cette question qui, cent fois agitée par le publiciste, cent fois tranchée par le légisteur, se pose encore aujourd'hui pleine d'incertitude et de périls, devant le législateur et le publiciste, c'est celle de la capacité civile des femmes. »

Une autre institution romaine consacrée par le Code sarde dans ses articles 1919 et suivants est celle qui interdit au fils de famille, même majeur, *d'emprunter de l'argent*, sans la participation ni le consentement de son père ou de l'ascendant sous la puissance duquel il se trouve. Le fils de famille majeur n'est plus représenté par son père dans les actes civils. Mais, comme à Rome, il reste soumis à la puissance paternelle : jusqu'à 25 ans il ne peut quitter la maison paternelle sans la permission de son père ; même après cet âge, le père pourra l'en empêcher en recourant au tribunal ; le père peut requérir la détention de son fils tant que celui-ci n'est pas émancipé ; jusqu'à l'âge de 30 ans, les biens adventifs du fils sont soumis à l'usufruit légal ; durant la puissance paternelle, le fils majeur ne peut ester en jugement à raison des biens dont le père a l'usufruit, sans le consentement de ce dernier (t. VIII, Code civil). Les fils de famille, quoique majeurs, ne peuvent aliéner ni hypothéquer les immeubles dont l'usufruit ou l'administration appartient à l'ascendant sous la puissance duquel ils sont placés, sans le consentement de celui-ci (1212). Ce consentement est encore nécessaire pour accepter une succession (985) ou une donation (1131) soumise à l'usufruit légal. Dans tous les cas, ce consentement peut être remplacé par l'autorisation de justice.

Il n'est pas étonnant que, dans ces conditions, le législateur sarde ait reproduit le sénatusconsulte Macédonien, rendu sur l'initiative de Vespasien, et qui n'était que la généralisation d'une loi de Claude défendant les prêts aux fils de famille pour le cas seulement où le payement ne serait exigé qu'à la mort de leur père. Ce sénatusconsulte aurait été provoqué, suivant Ulpien (L. 1, pr. *De sct. Maced.*), par un certain Macédo qui, entre autres scélératesses, pratiquait l'usure et encourageait la dissolution des mœurs en prêtant de l'argent (*ne quid amplius diceretur*) aux fils de famille. D'après Théophile, Macédo ne serait point un usurier, mais un fils de famille que ses dettes auraient poussé au suicide (Comment. sur le § 8 des Institutes).

La prohibition ne s'applique qu'au prêt d'argent, mais à tout prêt d'argent quelle que soit la forme de l'acte sous lequel il pourrait être dissimulé.

Il faut excepter les cas suivants où le prêt est valable :
1° si le fils possède des biens dont l'usufruit ou l'administration n'appartient point au père, jusqu'à concurrence de ces biens ; 2° s'il vit séparé de son père et administre ses affaires, quoique les cinq années requises pour l'émancipation tacite ne soient pas expirées ; 3° lorsque le fils est éloigné de la maison paternelle et que le prêt lui est fait pour des objets que le père aurait été obligé de fournir ; 4° lorsque le père en a bénéficié, jusqu'à concurrence de son profit.

La nullité qui résulte du défaut de consentement du père n'est pas absolue comme celle qui frappe le cautionnement d'une femme fait sans autorisation du tribunal. Il subsiste une obligation naturelle (Loi 10, *de sct. Maced.*) pouvant servir de cause à un payement valable (art. 1922), à une compensation, à un cautionnement, à une hypothèque.

Pour la femme qui s'est obligée pour autrui, il n'y a pas même d'obligation naturelle (L. 9 et 14, C. *ad sct. Vell.*).

Remarquons, cependant, que la caution elle-même du fils de famille n'est tenue que d'une obligation naturelle (L. 10, *de sct. Maced.*) et que, vis-à-vis du fils, cette obligation naturelle ne peut produire d'effet qu'après la dissolution de la puissance paternelle.

La nullité, n'étant que relative, ne pourra être proposée que par trois sortes de personnes : le fils, le père ou l'ascendant et leurs héritiers, les cautions (art. 1920) (Lois 7 et 9, *de sct. Maced.*).

L'obligation pourra être ratifiée par le père ou par le

fils après la cessation de la puissance paternelle (1923).
Nous croyons même que la ratification tacite, c'est-à-dire
dix ans écoulés après la cessation de la puissance paternelle, équivaut à une confirmation, de sorte que la question, en ce qui concerne les pays annexés, ne présente
plus guère qu'un intérêt historique.

Incapacité de certains condamnés.

La mort civile n'était pas reconnue par les lois sardes ;
mais le Code pénal de 1841, et l'art. 44 du Code civil at-
tachaient à la peine de mort et à celle des travaux forcés
à vie un certain nombre de déchéances. Outre la double
incapacité de transmettre et d'acquérir par donation entre-vifs et par testament, de notre loi du 31 mai 1854, le
condamné était privé de la capacité de succéder (44, 3ᵉ
alinéa, 59).

Quel a été l'effet de l'annexion sur cette incapacité ?

La loi française de 1854, qui a aboli la mort civile et
les incapacités qui en résultaient, est une loi d'ordre public au premier chef. Parmi ces incapacités figurait le
droit de succéder ; il était injuste, disait-on, de priver
les enfants d'une succession qu'ils auraient recueillie dans
celle de leur père. Cet inconvénient n'existait pas, il est
vrai, dans la législation sarde, l'art. 59 accordait aux
descendants des condamnés le bénéfice de la représenta-
tion. Nous pensons, néanmoins, que la question d'ordre
public doit l'emporter et que les condamnés à une peine
afflictive perpétuelle avant l'application des lois françaises

en Savoie, ont pu, dès ce moment, acquérir par succession.

Parmi les autres peines privatives de droits existaient : 1° L'interdiction des fonctions publiques (art. 19, C. p.), qui correspond à peu de chose près à notre dégradation civique de l'art. 24 du Code pénal. Cette peine était attachée de plein droit à la condamnation aux travaux forcés à temps dans tous les cas. La condamnation à la réclusion et à la relégation (qui correspond à notre détention), ne l'entraînait que dans les cas expressément déterminés par la loi. Il faut donc aujourd'hui se reporter au crime, cause de la condamnation, et à l'art. du Code pénal qui le qualifie pour savoir si l'ancien condamné est en état d'interdiction de fonctions publiques ou de dégradation civique. 2° L'interdiction légale (art. 22), attachée de plein droit aux travaux forcés à temps et à la réclusion, mais non à la relégation ou à la détention. Ses effets étaient les mêmes que ceux de la loi française. 3° La suspension de l'exercice des fonctions publiques. C'est une peine correctionnelle et principale consistant dans l'exclusion temporaire de l'exercice de toutes fonctions ou emplois publics. Elle n'a pas d'analogie dans nos lois ; l'annexion a dû la remettre aux condamnés. 4° L'interdiction ou la suspension de l'exercice d'une charge, d'un emploi, d'une profession, d'un négoce ou d'un art déterminés (art. 44, C. p. et suiv.).

Nous croyons que cette peine ne doit pas être maintenue, en ce qu'elle a de contraire à l'ordre public, comme la défense d'exercer un négoce, un art ou une profession. Elle doit l'être, au contraire, si la charge ou l'emploi interdit correspond à ceux énumérés dans l'art. 42 du Code pénal. On devra même assimiler aux emplois ou charges publics, les droits de vote et d'éligibilité qui n'étaient pas prévus spécialement dans le Code sarde de 1841, la constitution n'ayant été promulguée qu'en 1848.

La mort civile était appliquée aux religieux ; elle produisait à peu près tous les effets que le Code français de 1806 attachait à la condamnation à mort. Nous avons traité cette question dans notre première partie.

Les juifs étaient frappés d'incapacité considérables. Le Code civil de 1837 ne contenait que ces mots (art. 18, 2e et 3e alinéa) : « Les sujets non catholiques jouiront des droits civils conformément aux lois, aux réglements et usages qui les concernent. Il en est de même des juifs. »

Les dispositions qui les concernent sont contenues dans les constitutions royales de 1770, liv. 1, tit. VIII, chap. 3 et 5, et liv. 4, t. 34, chap. 14, § 2.

La principale défense, la plus grande des incapacités était contenue dans le chap. 3 du liv. 1, t. VIII, sous la rubrique : Défenses aux juifs d'acquérir des biens immeubles. La sanction était non seulement la nullité de l'acquisition, mais encore la confiscation des immeubles achetés. Dans le cas ou les juifs seraient obligés de prendre en payement des immeubles de leurs débiteurs, ils ne peuvent le faire qu'avec un pacte de rachat ou de réméré ; et dans le terme d'une année après l'expiration du terme du rachat, ils sont tenus, toujours sous la même peine de la confiscation, d'aliéner ces immeubles en faveur de personnes capables de les posséder.

Dans le chap. XIV du liv. IV, t. 34, nous trouvons des dispositions concernant l'usure.

Le § 2 ne permet l'intérêt qu'aux juifs banquiers, et uniquement pour leur argent propre, et non pour celui qu'ils prendront des chrétiens avec pacte tacite ou exprès de le négocier en commun.

Le § 3 ajoute : si l'on prouve que quelque chrétien prête, ou trafique de l'argent avec les juifs, pour avoir une part certaine ou incertaine au profit qu'il leur est permis d'en retirer, les uns et les autres sont regardés comme usuriers. L'usure est non seulement un contrat frappé de nullité comme illicite, mais c'est encore un délit, puni de la confiscation (§ 1ᵉʳ).

Le chapitre V, liv. I, tit. VIII, contient diverses autres prescriptions. Les juifs devront annoter dans un livre les contrats d'achat, de gages, et autres qu'ils feront avec les chrétiens en marquant exactement le nom des personnes et en spécifiant les choses, sous peine de cinquante écus (§ 4). Ils devront de mois en mois et sous la même peine en donner une note au greffier du tribunal du lieu de leur résidence.

Quand il s'agira de prêts sur gages faits par des banquiers juifs, ces derniers devront en outre remettre la même note aux personnes qui feront ces sortes de marchés (§ 7). Il est interdit aux juifs sous la même peine de cinquante écus, d'acheter, échanger, prendre des gages des mineurs ou des fils de famille (§ 3). Enfin, ils ne peuvent prêter leur nom, ou être médiateurs de prêts ou autres contrats qui pourraient se faire entre chrétiens, ou entre chrétiens et juifs, dans lesquels le chrétien se charge de quelque gage, ou exige quelque intérêt, ou y entre en part, sous peine, outre la nullité du contrat, de la perte de la somme quant aux chrétiens qui prêteront l'argent, et d'une semblable somme contre les juifs qui en seront les médiateurs (§ 12).

Ces dispositions étaient encore en vigueur en 1860 ; les contrats faits antérieurement et qui y contreviennent restent, encore aujourd'hui, frappés de nullité pour incapacité absolue des contractants au moment où le contrat a été passé. Les autres dispositions contenues dans les royales Const. n'étaient que réglementaires ; elles avaient trait, notamment à la séparation des juifs d'avec les chrétiens (chap. I, liv. I, t. VIII), sanction ; amende et prison ; à l'obligation de porter la marque : tous les juifs, de quelque sexe qu'ils soient, devront porter à découvert entre le bras droit et la poitrine, dès qu'ils auront atteint l'âge de 14 ans, une marque de couleur jaune dorée de soie ou de laine, de façon qu'ils puissent manifestement être distingués des chrétiens, sous peine de 25 livres. Les lettres-patentes du 1ᵉʳ mars 1816 exemptent les juifs de porter la marque, et leur permettent de sortir de leurs quartiers. Il est interdit aux chrétiens d'habiter avec un juif sous prétexte de le servir, c'est-à-dire d'être son domestique (ch. XII). La liberté du culte leur était du reste assurée.

Il est défendu à toute sorte de personnes de troubler en aucune façon leurs rits, de les attirer de force au culte catholique sous peine de trois ans de bannissement ou de six mois de prison (chap. VIII et IX). Les juifs habitaient le Piémont depuis un temps immémorial. Ils étaient presque inconnus en Savoie ». Les juifs, dit. M. Cot (1), ont été traités avec une grande sévérité par presque tous les gouvernements qui ont précédé la Révolution de 1789, et cette sévérité fut souvent justifiée par les habitudes d'usure et de tromperie auxquelles les juifs se livraient ; nous avions cru qu'elle servait aussi à couvrir d'un voile favorable les exactions des gouvernements ; mais on ne peut supposer de pareilles intentions à Napoléon, qui les soumit à une législation spéciale par son décret du 17 mars 1808. Les entraves que les R. C. ont mis au libre exercice de leur vie civile, ont pour la plupart un but d'utilité ».

Il nous reste à dire deux mots d'une dernière catégorie d'incapables : les étrangers. Il serait peut-être utile auparavant d'examiner qui était sarde, comment on le devenait, comment on perdait cette qualité, afin de savoir exactement, d'abord, quelles sont les personnes originaires des pays annexés ou domiciliées dans ces provinces, qui sont devenues françaises en 1860, ensuite, quelles sont celles qui, avant cette époque, étaient frappées d'incapacités en qualité d'étrangères. Mais, outre que cette question a été abordée à propos du changement de nationalité, il serait trop long de l'examiner ici en détail ; nous nous bornons à renvoyer au titre Ier du Code civil de 1837, en faisant remarquer que ce titre, à peu de différence près, est la reproduction du titre Ier du Code civil. Nous ne ferons qu'énumérer d'une façon sommaire les incapacités dont les étrangers étaient frappés dans les États sardes.

1. *Diction.*, p. 956.

Le droit d'aubaine n'a été établi en Savoie que par un édit d'Emmanuel-Philibert de 1561, étendu au comté de Nice en 1618 par Charles-Emmanuel. Cet édit ne devint d'une application générale que lors de la publication des R. C. en 1729.

Avant le XVIᵉ s. on suivait les constitutions impériales auxquelles on avait annexé une constitution de Frédéric II (V. *Corpus jur. civ. Frider. sec. Const.*, t. I, § 10), ainsi conçue : « *Omnes peregrini et advenæ libere hospitentur, ubi* « *voluerint : et hospitati, si testari voluerint, de rebus suis* « *ordinandi liberam habeant facultatem : quorum ordinatio* « *inconcussa servetur. Si qui vero intestati decesserint... bona* « *ipsorum... tradantur heredibus...* » Le pape Honorius III avait confirmé cette constitution (§ 12), et Amédée VIII par ses lettres-patentes du 24 mai 1407 en avait ordonné l'exécution dans ses États.

La première application du droit d'aubaine en Savoie fut faite pendant l'occupation française (1536-1559). Après l'édit de Charles-Emmanuel les commentateurs s'en occupent. Antoine Favre y consacre à son Code la définition XVIII, liv. VI, t. XIX : « *Alienigenorum, quos et* « *Albinos, quasi alibi notos, Galli vocant, ea incapacitas est,* « *ut nec ab intestato succedere possint, nec heredem habere* « *in ea provincia, quæ hujusmodi jure utitur* »,

Suivant le même auteur, le simple fait d'être né dans un pays étranger ne vous faisait pas considérer comme aubain, pourvu qu'on se rattachât aux États par l'origine paternelle. Dans ce dernier cas il n'était pas besoin d'obtenir des lettres de naturalité.

Le titre XII, liv. VI des Const. roy. de 1770 s'occupe

du droit d'aubaine et de réciprocité, et de l'incapacité des étrangers. Il a été reproduit en partie par les art. 26, 27, 702 à 707, 922 et 1153 du Code Albertin en ce qui concerne le droit d'aubaine, et par les art. 26, 28 à 33 en ce qui concerne les autres entraves portées au libre exercice de la vie civile des étrangers.

Le droit d'aubaine étant établi sur les mêmes bases que celles posées dans les art. 726 et 912 du Code Napoléon, avant que ces articles n'eussent été supprimés par la loi du 14 juillet 1819 portant abolition en France du droit d'aubaine et de détraction. Les étrangers sont doublement incapables de disposer par donations entre-vifs ou par testament, de transmettre par succession, si ce n'est en faveur d'un sujet de l'État ; ils sont incapables de recevoir par donations ou testaments, de recueillir une succession d'une façon absolue, même d'un sujet de l'État. Ces incapacités ne sont écartées que par la réciprocité législative. Il n'existait pas à notre connaissance du traité sur ce point entre la France et la Sardaigne. Le traité de 1760 avait cependant enlevé beaucoup d'entraves entre les sujets des des deux pays ; il avait admis la réciprocité des hypothèques, même légales, celle de l'exécution des jugements ; il avait supprimé la caution *judicatum solvi* (1). Le droit d'aubaine avait été réciproquement supprimé avec la Belgique et plusieurs États allemands.

Une autre incapacité importante qui frappait les étrangers était celle de l'art. 28 du Code civil : les étrangers

1. Mais la suppression du droit d'aubaine en France, l'abolissait par le fait pour les Français en Sardaigne en vertu de la réciprocité législative de l'art. 26.

ne pourront sous peine de la nullité du contrat, acquérir, prendre en antichrèse ou à bail, comme fermier ou comme colon partiaire. des biens immeubles dans les États à une distance moindre de cinq kilomètres des frontières. Les immeubles situés dans ce rayon ne pourront être adjugés à aucun étranger en paiement de ses créances ; ils devront toujours être vendus aux enchères, et l'étranger n'aura pas le droit de se faire payer sur le prix en provenant (*R. C.*, liv. 6, t. 2, § 6).

D'après les lettres-patentes du 6 février 1818 les sujets du canton de Genève et le gouvernement de Genève ne peuvent acquérir ni la propriété ni l'usufruit des immeubles situés dans les États. Comme ce n'était point là une disposition d'un traité, elle a disparu en 1860, mais les acquisitions faites antérieurement sont nulles, ainsi que toutes celles faites par n'importe quel étranger dans le rayon réservé.

Des incapacités frappant les étrangers résultaient encore, et c'est là une différence avec notre art. 11, de la réciprocité législative. L'étranger ne jouira que de ceux des droits civils accordés aux sujets du roi dans l'État auquel cet étranger appartient, sauf bien entendu les exceptions portées dans les traités (art. 26, § 2). Et celui qui se fondait sur la pratique suivie dans son pays à l'égard des sujets sardes, devait en faire la preuve, sinon il succombait. Dans le cas spécial où un étranger prétendait à la succession d'un sujet du roi, la réciprocité législative ne suffisait plus ; il fallait la réciprocité diplomatique, une clause formelle d'un traité (art. 27).

A défaut de traité, à défaut de réciprocité dans les législations, les mêmes difficultés que soulève notre article 11 se présentaient.

Pour juger aujourd'hui de la capacité des étrangers en Savoie et à Nice il faut se placer pour les actes entre-vifs au moments où ils ont été passés, pour les dispositions à cause de mort et les successions *ab intestat*, au moment de l'ouverture de la succession.

CHAPITRE II.

C'est là une des matières qui se présentent encore le plus fréquemment dans la pratique, parce que, à la différence des successions qui sont régies par la loi en vigueur à l'époque de leur ouverture, les conventions matrimoniales expresses ou tacites, suivant en cela les principes communs à toutes les conventions, sont régies par la loi en vigueur au moment où elles ont été faites.

Le régime matrimonial de droit commun établi par le Code sarde, à défaut de conventions matrimoniales, était le régime de séparation de biens, qu'on appelait paraphernal ou extradotal.

Mais il est essentiel de remarquer que, presque toujours, il y avait des conventions matrimoniales adoptant le plus souvent des constitutions de dot ; de sorte que le régime, on peut dire presque partout pratiqué, était le régime dotal.

L'art. 1508, disposait, il est vrai, à l'exemple de notre article 1387, que les époux pouvaient faire dans leur contrat de mariage, toutes les conventions qu'ils jugeaient à propos ; mais bientôt après, l'art. 1575 leur interdisait de contracter une communauté universelle de biens ; et l'art. 1575 prohibait notre communauté légale : « On ne peut faire entrer en communauté ni l'actif ni le passif *actuel* des conjoints, ni les biens qui peuvent leur échoir, pendant sa durée, par succession, legs ou donations. » La seule communauté qu'il fût permis de stipuler était la communauté réduite au acquêts, semblable à celle de nos art. 1498, 1499. Pourvu qu'elle fût réduite aux aquêts autres que ceux provenant de successions, legs ou donations, la communauté pouvait subir des modifications par la convention des parties ; on pouvait convenir notamment que les époux participeraient aux acquêts dans une proportion inégale, ou que le survivant, en prélèverait une part à titre de péciput (art. 1580 C. sarde, 1515 à 1525 Code français).

A l'exemple de l'ancienne coutume de Bordeaux, et de notre art. 1581, cette communauté d'acquêts pouvait être stipulée, quoiqu'il y eût constitution dotale, adoption du régime dotal (art. 1573-2°).

« L'établissement d'une société d'acquets, dit M. Colmet de Santerre (1), ne détruit pas le régime dotal ; il subsiste avec ses caractères distinctifs, particulièrement avec la division des biens de la femme en dotaux et paraphernaux. Seulement, les conséquences de la distinction ont un peu moins d'importance que dans le régime dotal pur. » Les revenus des biens dotaux, au lieu d'être exclusivement attribués au mari, qui faisant des économies sur ces revenus, les fait à son profit, tombent dans la société d'acquêts, et profitent par conséquent aux deux époux.

____

1. T. VI, p. 548.

Brunet.   15

Le régime des biens paraphernaux est plus sensiblement modifié... Ils deviennent alors comme les propres d'une femme commune en biens : la propriété seule en est réservée à la femme, la jouissance tombe dans la société d'acquêts... L'administration des paraphernaux, ajoute le même auteur, doit par conséquent appartenir au mari ». Ce point est cependant controversé. Mais laisser l'administration à la femme aboutirait à laisser l'actif de la société au caprice de la femme, qui pourrait prouver qu'elle n'a pas d'intérêt à faire des économies devant être versées dans la société d'acquêts. Le caractère paraphernal n'est pas détruit. Le mari n'aura vis-à-vis des paraphernaux que le pouvoir d'un simple administrateur ; il ne pourra ni aliéner les meubles ni exercer seul les actions pétitoires. On peut stipuler, du reste, que le mari aura l'administration des paraphernaux ; cette clause n'est-elle pas sous-entendue par l'établissement de la société d'acquêts ?

Les art. 1571 et 1577 du Code français, reproduits par les art. 1563 et 1570 du Code sarde, concernent la perception, pendant la dernière année du mariage, des fruits de la dot et des paraphernaux. Ces articles doivent être inapplicables en cas de société d'acquêts : la jouissance des biens appartenant à la communauté, doit être régie par les règles de la communauté.

Le régime dotal (art. 1517 et 1555), était à peu près celui qu'a organisé notre Code civil (art. 1540-1570). Voici les principales différences. L'article 1543 du Code français dispose que la dot ne peut être constituée, ni même augmentée pendant le mariage. Il y a là quelque chose de plus que dans l'art. 1395 prohibant d'une façon générale tout changement aux conventions matrimoniales après la célébration du mariage, posant le principe de l'immutabilité des conventions matimoniales. Ce principe de l'immutabilité des conventions matrimoniales ne s'applique qu'aux époux, mais il ne lie pas les tiers ; il ne fait pas obstacle à ce que malgré la convention des époux, un donateur puisse faire entrer un immeuble dans la communauté. L'art. 1543 a précisément pour but de mettre des entraves à la volonté des tiers : il défend d'une façon absolue de constituer ou d'augmenter sa dot après le mariage, en raison du caractère exceptionnel que la dotalité confère aux biens de la femme (1).

Le Code sarde au contraire, tout en défendant à la femme de constituer ou d'augmenter sa dot après le mariage, permettait à toute autre personne de faire cette constitution ou augmentation après la célébration (1520). La femme mariée sous l'empire du Code de 1837 et devenue française en 1860, pourrait-elle aujourdhui encore voir sa dot constituée ou augmentée par des tiers ? Il va sans dire que toutes augmentations ou constitutions survenues après la célébration du mariage, mais avant l'application des lois françaises ont créé une situation définitive, un droit acquis inattaquable. *Quid* des augmentations ou diminutions qui auront été faites depuis ? Il n'y a pas, à ma connaissance, d'arrêts de jurisprudence spéciaux sur la matière ; mais la doctrine et la jurispru-

---

1. Colmet de Santerre, t. VI, p. 443 ; Cass. 14 juillet 1863, D. 63, 1, 411. —Selosse, p. 362.

dence d'une façon générale, sont bien établies : en ce qui concerne les conditions de validité, l'interprétation, les effets des conventions matrimoniales, il faut se référer à la loi en vigueur au moment où elles ont été faites (1).

Aux contrats passés après le 22 août 1860 ce serait encore l'art. 1520 du Code sarde, et non l'art. 1543 du Code français qui serait applicable; il en serait autrement si les dispositions de ce dernier article étaient considérées comme d'ordre public général. Nous touchons là à une question célèbre et vivement controversée. Il s'agit de savoir si le caractère exceptionnel que la dotalité confère aux biens de la femme, c'est-à-dire l'inaliénabilité, a été établi, dans l'intérêt général de l'État, si ce caractère fait partie du régime de la propriété foncière considérée comme une fraction du territoire, comme un élément de la souveraineté ; ou bien s'il ne se rapporte pas plutôt à l'immeuble considéré ou point de vue des droits privés dont il est susceptible. (Il n'est pas question de l'inaliénabilité de la dot mobilière dont le caractère d'intérêt privé ne peut faire de doute). Il semble que poser ainsi la question c'est la résoudre. Cependant de nombreux arrêts sont venus déclarer que l'art. 1554 du Code civil, établissant l'inaliénabilité de la dot immobilière de la femme est une règle de statut réel, une conséquence du § 2 de l'art. 3. « Les immeubles, même ceux possédés par des étrangers, sont régis par la loi française. (2)» D'autre part des arrêts non moins nombreux admettent la doc-

1. Chambéry, 19 juin 1861, D. 62, 5, 86.
2. Cass., Sir., 83, 1, 65 ; notes de M. L. Renault.

trine que la règle de l'inaliénabilité du fonds dotal est plutôt basée sur une incapacité personnelle de la femme que sur une règle de statut réel concernant le patrimoine. (1)

La règle de l'inaliénabilité du fonds dotal tire son origine de la loi *Julia de fundo dotali* ; celle de l'incapacité de la femme, du sénatus-consulte Velléien.

Il semble que le code de 1804, tout en conservant la loi *Julia*, ait abandonné le sénatus-consulte Velléien. Mais d'autre part, il est admis en jurisprudence : 1° que l'obligation contractée par la femme dotale pendant le mariage ne devient point efficace à la dissolution du mariage ; 2° que l'obligation contractée par la femme avant le mariage reste efficace après la célébration : 3° que la femme s'oblige même pendant le mariage par son délit ou quasi-délit ; 4° que la nullité peut être couverte par la ratification à la dissolution du mariage. (2)

De ces diverses décisions en apparence contradictoires, on peut conclure avec M. Gide à la persistance secrète du sénatus-consulte Velléien jusque dans notre législation moderne. Le nouveau législateur a cru pouvoir l'abroger et rompre les liens qui de tout temps avaient étroitement, indissolublement uni le Velléien à la loi *Julia* ; mais ces liens étaient trop forts, en dépit des rédacteurs du code, le principe de l'incapacité velléienne s'est glissé dans notre jurisprudence, furtivement sous le manteau de l'ina-

1. Cass. Ch. réun., 7 juin 1864. V. M. Gide, p. 450 et suiv.
2. V. *suprà*, Cass. 1864. *Idem*, 15 juin. Bordeaux, 20 déc. 1832, M. Gide, p. 452.

liénabilité dotale. Mais quelle que soit la théorie que l'on adopte, celle du statut réel ou de l'incapacité, suivant nous l'une ne peut pas plus que l'autre être considérée en France comme une disposition d'ordre public, d'intérêt général, puisque le régime dotal n'est en France que l'exception, n'est pas le régime de droit commun, a besoin d'être stipulé d'une façon expresse, et que même en adoptant ce régime, les époux peuvent stipuler que l'immeuble dotal sera aliénable (art. 1557).

A ce point de vue donc, rien n'empêcherait aujourd'hui l'application de l'art. 1520 du Code sarde. Mais l'art. 1390 C. fr. sur l'immutabilité des conventions matrimoniales, dont l'art. 1543 n'est qu'une application n'est-il pas lui-même une disposition d'ordre public ?

Avec M. Colmet de Santerre, nous pensons que cette règle a été dictée dans l'intérêt des époux et des tiers seulement. Quant aux tiers, il est vrai que leurs intérêts pourraient être compromis par les modifications que subirait le régime dotal après le mariage. Mais n'est-ce pas le droit commun ? Le Français qui contracte avec une femme mariée étrangère ne doit-il pas s'enquérir des dispositions de son régime matrimonial ? Quand même cette étrangère devient Française, rien n'est changé à ses conventions matrimoniales : *Quicum alio contrahit*, dit Ulpien, *vel est, « vel esse debet » non ignarus conditionis ejus* (1).

Au reste, nous avons vu plus haut que l'art. 1395 ne s'applique qu'à la convention des époux entre eux, mais ne lie pas les tiers, qui ne sont pas des contractants ;

1. L. 19. D. liv. 50. t. 17.

c'est précisément dans le but de lier les tiers qu'a été édicté l'art. 1543.

Le motif de cette disposition se tire du caractère de la dotalité, et nous avons démontré que ce caractère n'est pas en France d'ordre public.

Resterait une dernière considération, c'est que l'augmentation de dot, on le suppose, n'intervenant qu'après l'application des lois françaises, ne pourrait être faite en vertu d'une loi qui n'existe plus.

Nous répondons que tout ce qui concerne le régime matrimonial quant aux biens, forme un tout indivisible, uniquement soumis à la loi en vigueur au moment où ce régime a été adopté.

Nous croyons ainsi avoir démontré la proposition suivante, qui au premier abord paraît un peu hasardée. Une constitution ou augmentation de dot faite depuis l'application des lois françaises en Savoie, par un tiers, en faveur d'une femme mariée sous l'empire de la loi sarde, est valable, en vertu de l'art. 1520 du code sarde, qui est applicable au lieu de l'art. 1543 du code français.

Les art. 117, 1525, 1526 du code Albertin traitent de l'obligation de doter et de la dot congrue. L'obligation de doter imposée à certaines personnes : le père, l'aïeul paternel, la mère ; tire son origine du droit romain (1). La mère n'y était tenue que lorsque les ascendants paternels étaient pauvres, et que la fille n'avait pas de quoi se doter elle-même (2). On était même allé jus-

---

1. L. 19. D. liv. 23 t. II. — L. 6. D. liv. 37. t. VI. — L. 7. C liv. 5. t. XI.

2. L. 14. C. 1, 37. t. XII. — Code Fabrien. liv. V. t. VI. Défin, 1.

qu'à obliger le frère riche à doter sa sœur pauvre (1).

Les constitutions royales (liv. 5, t. VII) établissent la nécessité de doter les femmes pour les exclure des successions.

La mère naturelle était obligée de doter sa fille. On étendait même cette disposition au père naturel. Le juge fixait cette obligation, si la filiation lui paraissait exister, sans rien préjuger cependant quant à la question de la paternité.

Le droit canonique avait imposé au séducteur l'obligation de doter et d'épouser la fille séduite ; mais la jurisprudence savoisienne lui laissa l'alternative de la doter ou de l'épouser : *Si quis virginem stupraverit, hactenus tenetur, ut vel uxorem ducat, vel dotet, quanium arbitrio boni viri utriusque facultatibus et personnalis æstimatio videbitur* (2).

On sait que, en France, avant 1789, dans les anciens pays coutumiers, avait prévalu la maxime : Ne dote qui ne veut. Cette maxime passa dans le Code de 1804 ; et l'art. 204 fut ainsi rédigé : « L'enfant n'a pas d'action contre ses père et mère pour un établissement par mariage ou autrement. »

On faisait en même temps prévaloir la communauté sur le régime dotal. L'art. 117 du code Albertin contient la même disposition que l'art. 204 du Code français, mais il ajoute : « La fille cependant qui n'a pas suffisamment de biens à elle propres, a droit d'être dotée par

----

1. L. 5. D. liv. 25. t. III. — Décret. Grég. IX, ch. 5.
2. Fab, Déf. 5. liv. 9, t. VI.

son père, à défaut, par l'aïeul paternel, et subsidiairement par la mère. » L'obligation de doter n'incombe plus
aux frères, aux père et mère naturels, au séducteur. Ce
dernier n'est soumis qu'à des dommages-intérêts. La
femme qui se marie sans le consentement de ses ascendants peut, dans le nouveau Code, être privée de sa dot
ou de sa légitime (Art. 110).

La congruité de la dot consiste à procurer à la femme
une dot convenable (c'est la signification du latin *congru-*
en), c'est-à-dire une dot qui se mesure, d'après les lois
romaines, Favre et les constitutions royales (1), à la fortune du père, au nombre des enfants déjà nés et de ceux
qui peuvent encore survenir, à la condition du mari et
à celle de la femme, et aussi à la coutume du lieu : « *Ex
facultatibus et dignitate mulieris maritique* (Celsus, loi 60),
pro modo facultatum patris et dignitate mariti (Papinien, loi
69, § 4). Et les Const. roy. ajoutent (§ 6) que « on regar-
dera toujours comme congrue la dot avec laquelle des
femmes déjà mariées auront été honnêtement établies. »
L'appréciation des juges aura toujours une large part.
Le président Fabre ne veut pas qu'on confonde la légitime
et la dot congrue (défin. 20). « *Neque enim fieri potest,*
dit-il, *ut vivo patre dos in locum legitimæ succedat, cum eo
tempore nulla dum legitima filiæ in bonis parentes, debeatur.
— Proinde congrua esse potest etiam, quæ legitimam non
æquat.* » La dot congrue peut excéder la légitime ou lui
être inférieure (Déf. 18-22). Au reste, la dot est une do-

1. Const. roy., liv. 5, t. 7, § 6. — LL. 67 et 69, § 4. D. liv. 23, t.
III. Code Fab, Déf. 20, 1, 3, t. XIX.

nation qui peut être soumise à des charges.; tandis que la légitime est une quote-part d'une succession, mais qui doit être franche de toute charge. Telle est la théorie. Le père qui constitue à sa fille une dot congrue n'est pas censé avoir eu en vue la légitime (Déf. 22).

Mais en pratique, quand la dot est le prix de l'exclusion : *si legitima in dotem data sit* (Déf. 27), alors on prend la légitime, non pas comme un élément d'évaluation rigoureuse, mais comme une base équitable pour arbitrer la dot, la fixer d'une façon approximative, surtout quand la demande de la dot ne vient qu'après l'ouverture de la succession ; dans ce cas, on peut dire que la dot remplace la légitime, c'était la coutume générale en Savoie (1).

Le code de 1838 dispose que en cas de désaccord des parties sur le montant de la dot le tribunal la fixera d'après les circonstances, de manière cependant qu'elle n'excède pas la moitié de la part légitimaire à laquelle pourrait prétendre la fille sur le patrimoine du constituant, et sans qu'il soit nécessaire d'en venir à une rigoureuse investigation de la valeur du patrimoine. Mais si une dot a été constituée, on ne peut plus en demander un supplément; sans préjudice, bien entendu, des droits héréditaires. L'action de la fille ne passe pas à ses héritiers (art. 1525).

Il est possible cependant, si le constituant le désire, de fixer à la fille une dot exactement égale à la part légitimaire sur le patrimoine actuel, et de l'exclure ainsi complètement de la succession. Mais cette fixation devra être

1. Arrêt du Sénat du 23 déc. 1780, Col, *Dict.*, p. 1050.

faite contradictoirement par le tribunal, avec tous les titres justificatifs. Si néanmoins, il était établi plus tard que le constituant a fait une déclaration infidèle de son patrimoine, la fille serait admise à réclamer le supplément de sa légitime (1826).

La dot n'est plus, dans le nouveau code, considérée comme le prix de l'exclusion de la succession, puisque la femme a droit au supplément de sa part légitimaire, si la dot reçue n'équivaut pas à cette part ; ou plus exactement, d'après l'art. 947, si la part légitimaire ou le tiers de la part virile excède d'un sixième au plus la dot constituée par le défunt.

La dot congrue est fixée sur le pied de la légitime quand les parties ne sont pas d'accord, quand la femme en fait la demande en justice. De même si la femme demande en justice sa légitime, elle sera obligée d'imputer tout ce qu'elle a reçu à titre de dot, et si la dot reçue dépasse la légitime elle sera réduite (art. 947).

Mais si la femme ne réclame pas (art. 968), la dot qui lui a été constituée ne sera point sujette à réduction, lors même qu'elle surpasserait la part légitimaire, ou la part héréditaire ; à moins toutefois qu'elle n'excéde la quotité dont le constituant aurait pu disposer, eu égard à la valeur de son patrimoine, soit à l'époque de la constitution dotale, soit au moment du décès, sans tenir compte de la diminution survenue dans la fortune du défunt et postérieurement à cette constitution.

La dot surpassant la légitime est considérée comme prix de l'exclusion. Elle s'impute non seulement sur cette légitime mais même sur la part héréditaire virile ; et l'excédent est censé donné sur la quotité disponible, dispensé du rapport ; à moins que la dot n'ait été constituée avec cette clause expresse: en avancement d'hoirie ; auquel cas elle serait réduite à concurrence de la légitime. Mais la constitution de dot, qui ne dit rien, est censée renfermer la clause tacite de préciput pour tout ce qui surpasse la part héréditaire.

Il faudra, aujourd'hui appliquer ces principes à la femme mariée sous le régime sarde, et à qui une dot a été constituée avant l'annexion. Elle imputera sur sa part héréditaire dans la succession du constituant (qu'on suppose bien entendu décédé sous la loi française) la dot qu'elle a reçue de lui. Si cette dot surpasse la part héréditaire, le surplus sera donné hors part, pris sur la quotité disponible.

La dispense tacite de rapport ne s'applique qu'à l'excédent de la part héréditaire. Si le constituant avait voulu qu'on imputât la dot d'abord sur la quotité disponible, et l'excédent de la portion disponible seulement, sur la part héréditaire, il aurait dû le dire par une clause formelle de dispense de rapport.

La femme mariée sous l'empire de la loi sarde, qui n'aurait pas reçu de dot, aurait-elle encore le droit de la réclamer sous la loi française ? Nous ne le croyons pas. Les règles du régime matrimonial, sont, il est vrai, celles en vigueur au moment où le contrat s'est formé ; mais il faut combiner ces règles avec celles qui régissent les successions et qui sont celles en vigueur au moment de l'ouverture. La dot et la légitime étaient étroitement unies sous la loi sarde. Si l'on ne peut dire, comme nous l'avons démontré, qu'elles étaient confondues, du moins il y avait entre elles des rapports tels qu'on pouvait les considérer comme les deux éléments d'une même institution dont l'un était destiné à remplacer l'autre ou à le compléter.

Sous la loi française la femme n'est plus réduite à la légitime, elle prend sa part virile dans toutes les successions auxquelles elle est appelée ; elle ne pourrait plus être exclue au moyen d'une constitution dotale, qui serait désormais impuissante à remplir le but de la loi sarde.

Nous ne basons pas notre opinion sur ce que la constitution de dot, se faisant sous la loi française. serait soumise aux règles de la loi française, notamment à l'art. 1543 du code civil qui défend de constituer une dot après le mariage : les conventions matrimoniales forment un tout indivisible et la femme qui réclamerait une dot serait toujours censée le faire en vertu de la loi de son contrat. Mais nous pensons qu'il y a impossibilité de se conformer aux dispositions du code sarde sur la légitime aujourd'hui abolie. Il faut remarquer que nous nous plaçons dans l'hypothèse où c'est la femme qui voudrait réclamer une dot.

L'effet de cette réclamation serait de la réduire à la légitime, ce que la loi française ne permet pas. Mais nous croyons que rien n'empêcherait un tiers de constituer une dot à une femme mariée sous l'empire de la loi sarde. La question de succession, de légitime ne serait plus en jeu, et l'art. 1543 du code civil ne serait pas un obstacle : ce qui est supprimé, c'est l'action de la femme.

L'art. 1529 traite des gains dotaux :

« Si dans le contrat de mariage, les époux n'ont fait
« aucune convention particulière relativement aux gains
« dotaux, ils seront censés avoir stipulé en faveur de
« l'époux survivant un gain réciproque égal au *tiers de
la valeur de la dot* ; ce gain lui appartiendra en toute pro-
« priété s'il n'y a aucun descendant issu du mariage :
« dans le cas contraire, il n'en aura que l'usufruit.

Il faut bien distinguer ce gain dotal de survie du droit
de succession, accordé au conjoint survivant par les art.
959 et suiv. ; art. 959 : « L'époux survivant contre lequel
il n'existe aucun jugement de séparation, a droit *à l'u-
sufruit du quart de la succession* de son conjoint décédé sans
testament, lorsque celui-ci n'a pas laissé plus des 3 enfants ; s'il y en a un plus grand nombre, cet usufruit
n'est que d'une part égale à celle de chacun des enfants.
La propriété reste toujours acquise aux enfants légitimes
nés du mariage, ou aux enfants du premier lit du conjoint prédécédé... L'usufruit cesse en cas de secondes
noces... » 960 : « Si le conjoint prédécédé n'a pas laissé
d'enfants légitimes.., l'époux survivant a droit à un
quart de la succession en pleine propriété. »

D'abord le gain dotal, comme autrefois l'augment,
n'existe que s'il y a dot, et n'est que *du tiers de cette dot*,
et non de tout le patrimoine de la femme. Le droit de
succession est *du quart du patrimoine entier*. Puis, le gain
dotal ne se cumulera pas avec le droit de succession,
mais il devra, comme les autres avantages résultant des
conventions matrimoniales, s'imputer sur la part héréditaire, sur ce droit de succession, qui peut de la sorte

se trouver annihilé par les avantages matrimoniaux. Aujourd'hui, sous l'empire de la législation française, le droit de succession est supprimé ; mais le conjoint survivant conservera toujours les gains dotaux que lui assure l'art. 1529 sous l'empire duquel il s'est marié.

Le gain dotal a remplacé dans le Code de 1838 l'ancienne institution de l'augment de dot, mais en changeant complètement la nature de ce dernier. Le gain dotal est accordé aussi bien au mari survivant qu'à la femme. Il existait en Piémont, avant le Code de 1838 différentes coutumes relatives aux gains dotaux afférents au mari. L'augment savoisien au contraire n'avait lieu qu'en faveur de la femme. Néanmoins les anciennes coutumes, l'ancienne jurisprudence sur l'augment, servent encore aujourd'hui à déterminer, à fixer l'interprétation du gain dotal. L'augment de dot, en Savoie était coutumier. Il était tellement dépendant de la constitution d'une dot qu'il n'y avait point d'augment sans dot constituée, ni de dot sans augment.

Il était du tiers de la dot constituée en immeubles ou en meubles. Si la dot constituée était en argent, l'augment était de la moitié. « *Augmentum dotalis, quod Sabaudiæ moribus frequentatur, tantus favor est ut non solum citra conventionem et ipso jure debentur, sed etiam ita ne ulla conventione deterior ejus conditio fieri possit, sicut nec dotis... Consuetudinarium illud augmentum, tum deberi intelligitur, cum apparet de dote quæ constituta sit, et quidem in pecunia. Nam si nulla proferatur dotis constitutio, sicuti nulla dos est, ita neque dotis augmentum intelligi potest* (1)...

1. Code Fab. Defin, 3 et 4, *de don. ante nupt.* liv. V, t. I.

L'évaluation de la dot pour la fixation de l'augment devait se rapporter à l'époque de la constitution (1).

Il était permis cependant de fixer l'augment à une somme déterminée quand la femme était riche, et que sa dot était indéterminée, quand elle comprenait par exemple des biens à venir. Il devait alors être fixé, *arbitrio boni viri.*

Il n'était pas dû si la dot consistait en créances irrécouvrables (2).

Le père du mari était obligé envers sa belle-fille. Si le mariage avait été fait sans son consentement il n'était tenu que jusqu'à concurrence de la légitime due à son fils au temps du mariage (3).

S'il existait des enfants, la propriété de l'augment leur était acquise en vertu d'un droit propre qu'ils tenaient du quasi-contrat coutumier, et non en vertu d'un droit de succession paternel ou maternel. C'était une dette, et non une libéralité sujette à rapport. La mère n'en avait que l'usufruit.

L'augmentation de dot était due à la fille, dit le président Fabre « *non tam propter dotem (licet ex dotis comparatione) quam propter deflorationem ut aiunt et in virginitatis præmium »*... Mais il n'était pas nécessaire qu'il y eut consommation du mariage, il suffisait que la femme eut été conduite dans la maison du mari... « *Sufficit tamen contractum esse matrimonium per verba de præsenti, licet nulla sit subsecuta*

1. *Id.* déf. 24 *De jure dot.* liv. V, t. VI.

2. Defin, 23, *eod loco*

3. V. Jurisp. sard., arrêt du sénat entre les nobles mariés. Truchet du 31 déc. 1787.

copula... Bœr tamen requirit quod mulier fuerit traducta ad domum mariti, et quod vir cum ea concubuerit, nisi consuetudo sit in contrarium (1). C'est sur le même principe que reposait l'ancien douaire coutumier du droit français, qui n'était autre que l'augment des pays de coutume : «femme au coucher gaigne son douaire» disaient tous nos anciens auteurs, entre autres Loysel. Le douaire comme l'augment tiraient eux-mêmes leur origine de la vieille institution germaine appelée *morgengab* (don du matin) et qui était dû *in virginis defloratæ pretium* ». Cette institution s'était confondue avec l'ancienne dot germanique dont parle Tacite et que le mari apportait à la femme. « *Dotem non uxor marito, sed uxori maritus offert* (2) ». Primitivement la *dos* était le prix d'acquisition du *mundium*, c'est-à-dire de la puissance du chef de famille sur la femme (3).

Dans le midi de la France, la *donatio ante nuptias* des Romains appelée *propter nuptias* depuis Justinien, était une institution analogue. Toutes ces traditions s'étaient confondues sous le nom de *sponsalitium,* ou *dotalium : doalium* pour former le douaire dans le Nord et l'augment dans le Midi. Etant donnée cette nature de l'augment, on s'était demandé si la veuve qui ne gardait pas la continence pendant l'an de deuil n'encourait pas la perte de son augment. Le président Favre, en sa défin. 7 *de jure dot..* n'ose rien affirmer en ce qui concerne les libéralités. On en conclut que [l'augment qui était un avantage

---

1. Code Fab. défin. 1, et all. 9, liv. V, t. VII, *de jure dotium*.
2. Tacite. *Germania* n° XVIII.
3. M. Cauwès à son cours.

forcé de la part du mari, qui avait son correspectif, ne pouvait à plus forte raison être perdu. On trouve des décisions contraires du Sénat du Piémont.

Toutes ces règles sont en partie applicables aux gains dotaux, du moins quand c'est la femme qui en bénéficie.

C'est ici le lieu de dire deux mots des donations faites en vue du mariage aux époux et aux enfants à naître, et des donations entre époux (art. 1176-1186, C. Alb.), à cause de leur affinité avec la dot, et avec les gains dotaux. Il ne faut pas confondre les gains dotaux de l'art. 1529, qui sont établis par la loi en l'absence de toute convention avec les gains nuptiaux, appelés aussi quelquefois dotaux, résultant soit des conventions matrimoniales, soit des dispositions faites après le mariage. Les uns résultent de la loi, les autres de la convention ; ils ne sont pas soumis aux mêmes règles. Ce qui pourrait établir une confusion, c'est que des deux côtés, se sont des gains de survie, des avantages qui ont lieu entre époux au profit du survivant.

La quotité disponible entre époux était fixée par l'art. 727 du code civil, relatif aux dispositions du testament : « L'époux qui laisse des enfants ou descendants pourra disposer en faveur de l'autre époux, de l'usufruit de la totalité de la portion disponible, c'est-à-dire des deux tiers de ses biens, s'il laisse à son décès un ou deux enfants légitimes ou légitimés, et de la moitié, s'il en laisse un plus grand nombre (art. 719) et en outre de la moitié en propriété de cette même portion. » L'art. 1183 permettait aux époux de se faire par contrat de mariage, réciproquement ou l'un des deux à l'autre donation de tout ce qu'il leur était permis de disposer par testament en vertu de l'art. 727.

Les donations entre époux pendant le mariage, comme nous le verrons ci-après, étaient prohibées.

Au cas où l'époux donateur était mineur, il ne pouvait stipuler des gains nuptiaux excédant la moitié de la dot qu'avec l'autorisation de justice (art. 1151).

La femme, outre l'avis de deux de ses parents exigé pour toute donation (art. 1124), n'était pas dispensée de la formalité de l'homologation du tribunal exigée en droit pour toute donation supérieure à mille livres mais dont étaient exemptes les donations en vue de mariage; elle devait recourir à l'homologation si les donations qu'elle faisait à titre de gains nuptiaux excédaient la moitié de la dot en propriété s'il n'y avait point d'enfants nés du mariage, et en usufruit s'il en existait (art. 1126).

L'art. 1186, suivant les dispositions des lois romaines que les prudents firent entrer dans la coutume jusqu'au règne de Septime Sévère, prohibe d'une façon absolue les donations entre époux pendant le mariage : *ne mutuo amore invicem spolierentur* (1). Le Code français (art. 1096) a suivi la modification introduite par le Sénat romain sur la proposition d'Antonin Caracalla : Toutes donations faites entre époux pendant le mariage seront toujours révocables. Les termes de l'*oratio* faites devant le Sénat pour demander la validité conditionnelle de ces donations, et qui ont été adoptés, expriment la même idée : *fas esse, eum quidem qui donavit pœnitere, ut sit am-*

---

1. L. 6, C., liv. 5, t. IX, *de secundis nuptiis*.

bulatoria voluntas ejus usque ad vitæ supremum existum (1).
Mais si les donations entre-vifs étaient défendues entre
époux pendant le mariage, les testaments ne l'étaient
pas, et les époux pouvaient par acte de dernière volonté
comme par contrat de mariage disposer l'un pour l'autre
de toute la quotité disponible fixée par l'art. 727 (art.
1186 Code fr.).

En cas de second mariage et quand il y avait des enfants du premier lit, l'homme ou la femme qui se remariait ne pouvait laisser à son nouvel époux, à titre lucra-
tif, soit par contrat de mariage, soit par testament, une
part plus forte que celle de l'enfant du premier lit le
moins prenant (art. 149). C'est la disposition de l'art.
1098 du Code français, reproduite elle-même de la première partie de l'édit des secondes noces de François II
(1570). La loi *Hac edictali* au Code Justinien est l'origine
commune de cette fixation spéciale de la quotité disponible entre époux. Le Code sarde n'impute pas sur la
part qui peut être laissée au nouvel époux, les gains dotaux qui n'excèdent pas la quotité fixée par la loi. Le
Code français fixe un maximum que la disposition en faveur du nouveau conjoint ne pourra dépasser, et qui est
du quart des biens. Les deux Codes n'ont pas d'autres
différences sur cette disposition.

Mais le Code sarde, dans son art. 146 et suiv. a conservé la seconde partie de l'édit de François II et de la loi
Fœminæ quæ au Code de Justinien (loi 3, *cod. tit.*). « Celui

1. Ulpien, l. 1, liv. 24, t. I, *De don. inter. viv. et ux.*
2. L. 32, *eod. tit.*
3. L. 6, liv. 5, t. IX, *De secundis nuptiis.*

qui, ayant des enfants d'un premier mariage, en contracte un second, est tenu de leur réserver la propriété de tout ce qu'il aurait reçu de l'époux prédécédé, à titre de don, en vertu de conventions matrimoniales, ou par donations, institutions ou legs. » Il avait paru odieux de faire passer au nouveau conjoint ce qui avait appartenu au premier, surtout quand il y avait des enfants du premier mariage. C'était un droit de réversibilité, une véritable substitution légale dans les libéralités faites par le premier conjoint. Les enfants du premier lit étaient propriétaires des biens soumis au retour, nonobstant toute renonciation générale et sans distinction de sexe, pourvu, bien entendu, qu'ils eussent survécu au père ou à la mère qui avait convolé. La part du prédécédé, celle de l'exhérédé, accroissait aux autres. Et même si l'exhérédé était l'unique survivant, il n'était pas privé de la propriété des biens sus-désignés (art. 147).

Cependant, la volonté expresse de l'époux prédécédé, manifestée dans un contrat de mariage ou un testament et visant spécialement le cas d'un nouveau mariage de son conjoint, pouvait conserver à ce dernier la propriété des biens réversibles (Art. 148).

Le conjoint qui ne se remariait pas pouvait disposer de ses biens à son gré. Cette disposition de la loi avait un certain caractère de peine, frappant les secondes noces. Le Code français ne l'a pas reproduite, parce qu'il ne recherche pas l'origine des biens pour en régler la succession. Une autre peine frappait encore la femme qui se remariait avant dix mois révolus depuis le décès de son premier mari ; qu'elle eût ou non des enfants

d'un premier lit, elle perdait non seulement les libéralités et gains nuptiaux qu'elle tenait de son premier mari
par convention, mais même les gains dotaux établis par
la loi (Art. 143). Cette disposition est encore une reproduction partielle de l'authentique. « *Si qua mulier* » au
Code de Justinien (L. I, *cod. loco*). En outre, dans la loi
romaine, la femme qui se remariait pendant l'an de deuil
ne pouvait donner en dot à son second mari plus du tiers
de ses biens ; elle ne pouvait recevoir aucune libéralité
à cause de mort, ni recueillir de succession, si ce n'est
de ses ascendants. De plus, elle encourait la peine de
l'infamie ; elle était authentiquée suivant l'expression
qui prévalu plus tard, allusion au genre de loi qui infli-
geait cette peine.

La quotité disponible entre époux du Code français
(art. 1094) n'est pas la même que celle du Code sarde.

C'est une règle générale que la quotité disponible doit
être régie par la loi en vigueur au moment du décès du
disposant. Il en est de même des déchéances légales. Cette
règle ne fait pas de difficulté en ce qui concerne les dispositions de dernières volonté.

Mais en ce qui concerne les donations en général, avant
l'application des lois françaises en Savoie, une règle spéciale a été insérée dans le décret-loi du 22 août 1860 (art.
3). Les donations établies par contrat régulier et sans
fraude seront, quant à la révocation et la *réduction* régies
par la loi sous l'empire de laquelle elles ont été constituées... Malgré les principes, cette disposition formelle
ne peut laisser aucun doute : la réduction suppose nécessairement que la quotité disponible a fait l'objet d'une

donation et qu'elle a été dépassée ; s'il n'y a pas eu disposition de la quotité disponible il n'y a pas de réduction ; l'une ne va pas sans l'autre. Or la réduction est régie par la loi sous l'empire de laquelle la donation a été faite. Et l'on ne pourrait interpréter l'art. 3 en ce sens, qu'il ne viserait que la façon d'exercer l'action en réduction, la manière d'opérer la réduction : on ne peut supposer aux contractants de 1860 l'intention de s'occuper d'une question aussi peu importante, alors qu'ils en ont omis tant d'autres qui le sont davantage. Il s'agit bien de l'existence même de l'action en réduction, des cas dans lesquels elle est accordée, aussi bien que de la façon de l'exercer, qui est du reste intimement liée à son existence ; comme à propos de la révocation on n'a pu avoir en vue que les cas dans lesquels elle est accordée ou refusée. La loi sarde reste applicable aux donations régulièrement faites avant le 22 août 1860. Ces donations ne seront pas réductibles si elles n'ont pas surpassé la quotité disponible du Code sarde au moment où elles ont été faites. Il est évident que pour composer la masse des biens, il faudra se placer au moment du décès ; mais cette masse une fois faite, quand même la donation dépasserait la quotité disponible de la loi française, si elle ne dépasse pas celle de la loi sarde, la donation doit être tenue pour valable.

Les règles de l'institution contractuelle, ou de la donation de succession par contrat de mariage sont les mêmes que celles du Code français. Il n'y a à tenir compte que de la disposition que nous venons de signaler à propos de la réduction. (C. s., 1176, 1182 codes, 1082, 1090 Code fr.)

Il en est de même des pouvoirs du mari sur les biens dotaux.

Relativement à l'inaliénabilité de la dot, signalons les différences, peu nombreuses du reste, entre le Code civil et les dispositions particulières au premier.

Les termes de l'art. 1154 du Code civil, conformes à la tradition romaine des lois Julia *defundo dotali et de rei uxoria actione* (Code 1. m.) semblent bien n'avoir en vue que l'immeuble, le fonds dotal : « Les immeubles constitués en dot, etc. ». Cependant la jurisprudence étend l'aliénabilité à la dot mobilière (Cass. ch. r., 14 nov. 1846), mais pour la femme seulement ; de telle sorte que le mari, maître de la dot, peut, même d'après la jurisprudence, l'aliéner avec ou sans le concours de la femme (Cass., 6 déc. 1859). Le Code sarde (art. 1535) établissait d'une façon formelle l'*inaliénabilité de la dot mobilière*, et étendait l'inaliénabilité même aux *avantages matrimoniaux* qui ne faisaient pas partie de la dot constituée (1).

Les dispositions de notre article 1559 relatives à l'*échange* de l'immeuble dotal sont entièrement reproduites par l'art. 1539 du Code sarde ; mais ce dernier ajoute aux mots : « l'immeuble dotal peut être échangé », ceux-ci, qui sont d'une importance capitale : « ou même vendu... Il sera également fait emploi, comme dotal, du prix résultant de la vente de l'immeuble dotal ». Dans les deux cas il faut justifier d'une utilité évidente, et obtenir l'autorisation de justice.

Le Code français, au contraire, ne permet la vente de

1. V. arrêt Chambéry, 1er août 1862. *Journal*, p. 255.

l'immeuble dotal que dans les cas expressément prévus par la loi, et lorsque l'aliénation en a été permise par le contrat de mariage (art. 1557). Le Code sarde, il est vrai, était muet sur les aliénations permises par des stipulations du contrat ; de là les discussions qui s'élevaient sur leur validité ; l'opinion dominante penchait pour la non-validité (Mansord).

Mais cette disposition de l'art. 1539 ne remplaçait-elle pas utilement cette clause du contrat? Il fallait, il est vrai, démontrer l'utilité évidente de l'aliénation, et obtenir l'autorisation de justice. Mais la disposition était générale, elle était applicable, qu'il y eût ou non stipulation dans le contrat.

Sous le Code français, quand les époux ont oublié d'user de l'art. 1557, de permettre l'aliénation, et lorsque d'autre part, ils ne sont pas dans les cas prévus par la loi, il n'y a plus de remède ; le bien dotal est frappé d'une inaliénabilité absolue; etc'est alors qu'on peut faire avec justice tous les reproches si souvent adressés au régime dotal : entraves à la circulation des biens, condamnant une famille à l'immobilité, à l'impuissance, etc. La disposition du Code sarde apportait à la rigueur trop inflexible de l'inaliénabilité dotale, un tempérament semblable à celui que M. Gide, dans sa belle étude sur la condition de la femme (p. 494), propose d'introduire dans le Code français, et que le Code italien de 1866 a reproduit dans son article 1405 avec quelques modifications.

Comme les règles de l'inaliénabilité dotale ne sont pas d'ordre public, mais sont soumises à la loi en vigueur au moment de la célébration du mariage, ainsi que toutes les autres dispositions du contrat de mariage, il n'est pas douteux qu'aujourd'hui encore les biens dotaux des femmes mariées avant le 22 août 1860 ne puissent être aliénés avec autorisation de justice lorsque il y a utilité évidente (1).

Les cas particuliers d'aliénabilité prévus par le Code sarde sont à peu de chose près ceux prévus par la loi française.

Signalons les différences de détail. Les deux cas prévus par les deux derniers paragraphes de l'art. 1558 du Code français, sont dans le Code sarde (art. 1537-1538) dispensés de l'autorisation de justice. Cette autorisation est nécessaire dans les deux codes : 1° pour fournir des aliments à la famille. 2° Pour tirer le mari ou la femme de prison. Mais le Code sarde ajoute : le père de la femme, sa mère ou ses enfants, lorsque la détention aura été prononcée comme peine subsidiaire en cas de non paiement d'une amende.

Le troisième paragraphe de l'art. 1558 du Code français : « pour payer les dettes de la femme ou de ceux qui ont constitué la dot, lorsque ces dettes ont une date certaine antérieure au contrat de mariage », n'existe pas dans l'art. 1540 du Code sarde. Par contre cette autorisation y est nécessitée : « pour fournir une dot congrue aux filles de la femme, ou pour procurer un établissement convenable à son mari ou à ses enfants.

1. V. en sens contraire un jugement du trib. de St-Jean-de-Maurienne du 11 octobre 1889.

Dans ce dernier cas et dans celui indiqué au 2° ci-dessus, le consentement du mari est en outre nécessaire. La différence entre les deux législations est que dans le Code français (art. 1556), quand il s'agit des enfants communs, l'autorisation de justice n'est pas exigée ; quand il s'agit des enfants d'un premier lit de la femme l'autorisation de justice n'est nécessaire qu'à défaut de celle du mari.

Dans tous les cas où l'autorisation de justice est exigée dans le Code sarde, elle ne peut porter que pour la moitié de la dot. Si l'aliénation de toute la dot était nécessaire, la femme devait avoir recours au sénat aujourd'hui remplacé par la Cour d'appel. Il est inutile d'ajouter que d'après notre théorie, ces dispositions sont toujours applicables aux contrats passés antérieurement à l'application des lois françaises.

La nullité qui sanctionne la non observance de ces dispositions est la même dans les deux codes (1560 C. f. 1543 C. s.).

Si la dot est mise en péril, la femme peut demander la séparation de biens. C'est surtout sur cette matière que nous avons de nombreux monuments de jurisprudence.

En établissant une règle fixe, la jurisprudence a permis d'en faire un principe général.

Toute cette théorie est très bien résumée dans un remarquable arrêt de la Cour de cassation du 14 juillet 1863 (1).

« Attendu, dit la Cour, qu'en principe général, les conventions sont régies par la loi du temps où elles ont

1. D. 63. 1. 411.

été formées ; que cette règle est surtout applicable aux conventions matrimoniales, et que pour déterminer les effets des modifications qui pourront survenir dans l'association conjugale relativement aux biens, les époux se réfèrent tacitement et nécessairement aux dispositions des lois qui règlent les modifications de cette nature au moment où cette association a été contractée ; — Attendu que la séparation de biens est une de ces modifications, en prévision de laquelle la dignité du mari ne permet pas de stipuler, mais dont la prévoyance de la loi a réglé les effets civils ; — Que les conséquences de la séparation de biens prononcée entre les époux B., mariés en 1844 sous l'empire du Code civil sarde de 1838, devaient donc être fixées d'après les dispositions de ce code ;

Que dès lors il importait peu que la demande en séparation eût été formée avant ou après la promulgation du Code Napoléon et du Code de procédure civile français en Savoie... »

Cet arrêt était venu confirmer celui de la Cour de Chambéry du 28 février 1862 (1) sur lequel nous aurons à revenir. M. Selosse cite (2) en l'approuvant, cette jurisprudence qui n'a pas varié. On objecterait vainement que la demande en séparation de biens, s'étant faite sous l'empire de la loi française, c'est cette dernière qui doit la régir ; la Cour de cassation a prévu et réfuté cette objection : les conventions matrimoniales ne peuvent subir que les changements prévus au moment du contrat.

Si nous comparons les séparations de biens des deux

1. *Journal de la cour*, 1862, p. 70.
2. *Op. cit.*, p. 362.

codes (art. 1443-1452, code français; — 1546-1555 code sarde) nous trouvons dans le Code sarde plusieurs dispositions qui n'existent pas dans le Code français, que ce dernier prohibe même formellement, et qui cependant produiront aujourd'hui encore leur plein et entier effet dans une séparation prononcée par nos tribunaux entre époux mariés antérieurement à l'application des lois françaises en Savoie.

Les causes de séparation sont les mêmes, si ce n'est que dans le Code sarde (art. 1546) les deux membres de phrase : « le péril de la dot » et « le désordre des affaires du mari » sont séparés par la disjonctive « ou », tandis que dans le Code français (art. 1443), ils sont unis par la conjonctive « et ». En droit français on s'est demandé s'il y avait là deux causes de séparation distinctes ou une seule. La question est controversée. Les uns pensent, avec M. Colmet de Santerre, que la seconde formule n'est que le développement de la première, « que les deux membres de phrase expriment la même pensée, l'un sous une forme concise et l'autre par voie de paraphrase » (2). D'autres, avec M. Duverger (3) adoptent l'opinion contraire, croient qu'il y a deux causes de séparation : ils invoquent l'autorité de Pothier qui, au n° 812 de son *Traité de la communauté*, s'exprime ainsi : « Le péril de la dot, étant le fondement ordinaire des demandes en séparation de biens, en doit-on conclure

2. Cours cod. civ., t. VI, p. 226, n° 91 *bis*, II.
3. A son cours.

qu'une femme qui n'a apporté aucune dot à son mari, ne puisse jamais demander cette séparation? Non, car une femme qui n'a apporté aucune dot, peut avoir un talent qui en tient lieu, comme lorsqu'elle est une habile couturière, une excellente brodeuse, etc. Si cette femme a un mari dissipateur, tous les gains qu'elle fait de son talent ne servent qu'à fournir aux débauches de son mari ou sont la proie de ses créanciers. » M. Colmet de Santerre comprend, sous le mot dot, toutes les reprises quelconques de la femme, même les ressources qu'elle s'est procurée en exerçant une profession. La jurisprudence n'est pas bien fixée (1).

Il nous semble que, dans le Code sarde, la disjonctive « ou », en offrant une alternative, permet d'invoquer deux causes de séparation.

Le code de 1838 (art. 1535) aussi bien que le droit antérieur, frappait d'inaliénabilité les avoirs dotaux de la femme, aussi bien mobiliers qu'immobiliers, et même les avantages matrimoniaux; les art. 1548, 1550, 1551 imposent à la femme dotale l'obligation d'en faire emploi en cas de séparation de biens. Si le mari avait des biens suffisants, cet emploi se faisait au moyen d'une assignation réelle sur ces biens, c'est-à-dire que la femme, outre la séparation des biens dotaux à elle appartenant et existant en nature, pouvait encore demander la séparation d'une quotité des biens du mari équivalente à ses reprises dotales tombées entre les mains du mari; lesquels biens étaient assignés, délivrés à la femme en em-

1. Cass., 47, 1, 421. Toul. 84, 2, 184, D. Paris, 78, 2, 199. Sirey.

ploi de ses reprises, suivant l'estimation qui devait être faite par des experts nommés d'office. L'estimation doit être faite largement, à moins qu'il n'y ait des créanciers opposants, auquel cas il faudra donner aux biens leur vraie valeur.

L'assignation devra se faire en immeubles; à défaut, ou en cas d'insuffisance, elle aura lieu en meubles.

Mais alors, à l'exception de ceux que le tribunal jugerait convenable de conserver, les meubles seront vendus aux enchères. Le prix en provenant sera dotal, et il en sera fait emploi comme tel (art. 1548).

Si les biens du mari étaient insuffisants, la femme pouvait encore, avec l'autorisation du tribunal, agir subsidiairement contre les tiers détenteurs des biens du mari, en commençant par le dernir acquéreur qui n'aurait pas de droits de priorité sur les biens affectés à la dot; et la séparation s'opérait, à l'égard du tiers détenteur, en délivrant à la femme une quantité suffisante de biens d'après leur vraie valeur. Le tiers détenteur avait cependant la faculté d'offrir en argent le montant de la dot et des reprises matrimoniales, ou de requérir la subhastation des biens, pour le prix en provenant être employé à désintéresser la femme. Mais alors l'emploi de l'argent ou du prix était fait aux risques et périls du tiers détenteur; on lui imposait la responsabilité de l'emploi des valeurs offertes. Un troisième parti est laissé au tiers possesseur des biens du mari : il peut retenir le fonds, en donnant des garanties pour le paiement des intérêts annuels de la dot et des droits dotaux durant la séparation (art. 1150 et 1151),

En résumé, la femme dont les conventions matrimoniales portant adoption du régime dotal, ont été passées en Savoie avant l'application des lois françaises, reste soumise à l'obligation imposée par le Code sarde, de faire emploi de sa dot en cas de séparation de *dot*. Cette doctrine a été consacrée par un arrêt de la Cour de Chambéry du 19 juin 1861 (1) dont voici quelques motifs : « Attendu que la loi sous l'empire de laquelle a été passé le contrat de mariage de J. Y., en date du 2 avril 1837 frappait du lien d'inaliénabilité les avoirs dotaux immobiliers ou mobiliers de la femme ; que cette garantie établie non seulement dans l'intérêt de celle-ci, mais encore au bénéfice de la famille, s'est maintenue sous le régime du Code civ. sarde... que ni le changement survenu de législation, ni le concours du consentement de la femme et de celui des tiers auxquels l'art. 1551 impose la responsabilité de l'emploi des valeurs offertes, ne peuvent dispenser du maintien des garanties acquises en cet état de choses, et permettent à J. Y. d'exiger librement le montant de ses avoirs dotaux, moins encore celui de l'augment dotal, dont la propriété est reservée aux enfants, etc. »

L'art. 1552 du code français décide que le divorce, la séparation soit de corps et de biens, soit de biens seulement ne donne pas ouverture aux doits de survie de la femme. Au contraire, il résulte de diverses dispositions du Code sarde, que la séparation de biens donne ouverture aux gains de survie dotaux ou nuptiaux, dérivant des conventions matrimoniales ou de la loi. Et ces dispositions doi-

---

1. Dalloz, 62, 5ᵉ partie, p. 86.

vent être appliquées aujourd'hui à une femme mariée
sous l'empire de la loi sarde, quoique la séparation n'ait
été demandée ou obtenue que depuis l'application des
lois françaises. C'est ce que décide l'arrêt de la Cour de
Chambéry déjà cité du 28 février 1862 qui résume d'une
façon nette et précise les principes du droit sur cette
matière :

« Attendu que les effets de la séparation de biens sur
l'ouverture des gains de survie doivent se régler, non par
la loi en vigueur au moment de la séparation, mais uniquement par la loi en vigueur à l'époque du mariage :
Que, avant la publication du Code de 1838, il était de
doctrine et de jurisprudence constantes, dans les États
sardes, que la femme, en cas de désordre des affaires du
mari, pouvait demander la séparation de sa dot et de ses
droits dotaux ; que, sous ce terme général : droits dotaux,
on comprenait les donationss *propter nuptias*, les augments
et autres gains nuptiaux stipulés ou dérivant de la loi elle-
même ; Attendu que les articles 1529, 1546, 1551, 1554
et 2180 du Code sarde ont formellement consacré les anciens principes. »

Et en effet l'art. 1546 permet à la femme de demander
la séparation pour sauvegarder non-seulement sa dot,
mais aussi tous les droits qui lui sont acquis en vertu de
son contrat de mariage. L'art. 1551 dernier paragraphe
parle de la dot et « des droits dotaux ». En vertu de
l'art. 1554, la femme obtient l'administration des biens
séparés, pour sa dot et ses droits dotaux en général. Enfin
l'art. 2170 accorde à la femme une hypothèque légale
pour sa dot, pour l'exécution des conventions matrimoniales et pour les gains dotaux.

Brunet.   17

« Attendu, continue la Cour, que de l'économie de ces dispositions, de leur texte, comme de leur esprit, il résulte manifestement que le cas de séparation, assimilé jusqu'à un certain point au cas de survie, donne ouverture, au profit de la femme, à l'exercice provisoire de son gain nuptial : que le législateur a voulu lui en assurer le bénéfice pendant la durée du mariage ; que, conformément à l'ancienne jurisprudence, il a eu pour but de garantir la pleine exécution des conventions matrimoniales, de conserver autant que possible l'état de choses qui avait déterminé le consentement des époux, et pourvoir sagement à l'avenir de la famille. — Attendu que l'appelant invoque en vain l'art. 1552 du Code Napoléon, aux termes duquel la dissolution de la communauté opérée par la séparation de corps ou de biens seulement, ne donne point ouverture aux droits de survie de la femme ; que cette disposition spéciale de la loi française, puisée à une source différente, n'est point applicable à l'espèce exclusivement soumise, d'après les considérations qui précèdent, aux principes de la loi sarde, ainsi qu'à l'interprétation que lui ont constamment donnée le Sénat ou la Cour d'appel de Savoie. »

Et la Cour de cassation a rejeté le pourvoi formé contre l'arrêt de la cour de Chambéry, par son arrêt ci-dessus cité du 14 juillet 1863.

Tel était le régime de séparation de biens judiciaire. Les époux pouvaient stipuler un régime de séparation de biens conventionnelle, qu'on appelait régime paraphernal, le combiner avec le régime dotal ou de communauté d'acquets. Les dispositions légales (art. 1566-1572) sont les mêmes que celles de nos art. 1574 à 1581 sur les biens paraphernaux, et 1536 à 1539 sur la séparation de biens conventionnelle. Mais tandis que dans le Code français ce régime doit être stipulé, sous le code sarde, nous l'avons vu, c'était le régime de droit commun, légal, quand il n'y avait pas de conventions matrimoniales.

C'était là un effet nécessaire du mariage, quant aux biens, au même titre que sous le Code français le régime de communauté légale.

CHAPITRE III

SUCCESSIONS, TESTAMENTS, DONATIONS, DISPONIBLE,

LÉGITIME

Ce qui caractérise le système successoral du code sarde, c'est qu'il était plutôt testamentaire que *ab intestat*. Le testament est la règle ; la dévolution *ab intestat* n'a lieu qu'à défaut de testament. C'est l'idée romaine, et celle des pays de droit écrit, avec des modifications plus ou moins profondes. L'institution d'héritier avait lieu. L'héritier testamentaire était saisi de plein droit des biens, droits et actions du défunt, même au cas où il était en concurrence avec des héritiers légitimes. Dans ce cas, les héritiers légitimes étaient saisis comme les testamentaires, sans distinction (art. 967). L'héritier testamentaire était celui au profit de qui le testateur avait disposé à titre universel ; le légataire celui au profit de qui le testateur avait disposé à titre particulier (804-805). Le légataire universel de notre art. 1003 était inconnu.

L'exhérédation était permise (Art. 737-743), mais seulement dans les cas prévus par la loi. L'enfant ou descendant pouvait être exhérédé dans sept cas énumérés dans l'art. 738, parmi lesquels nous trouvons entre autres le cas où l'enfant se marierait sans le consentement de ses

parents, celui où il a maltraité son père ou sa mère, le cas
où la fille mène publiquement mauvaise vie, etc.

Le père ou la mère peuvent être exhérédés dans cinq
cas prévus par l'art. 739.

La portion disponible était bien plus considérable que
celle de notre art. 913. Elle était des deux tiers des
biens du disposant, s'il laissait à son décès un ou deux
enfants légitimes ou légitimés, et de la moitié s'il en
laissait un plus grand nombre (art. 719); tandis que
chez nous, le disponible n'est que de la moitié s'il n'y a
qu'un enfant, du tiers s'il y en a deux, du quart s'il y
en a un plus grand nombre.

Vis-à-vis des ascendants, la portion disponible était
des deux tiers dans tous les cas, qu'ils fussent dans les
deux lignes ou dans une seule ; par contre, dans le Code
français (art. 915), elle est des trois quarts s'il n'y a des
ascendants que dans une ligne.

La portion de bien réservée par la loi aux héritiers *ab
intestat* était appelée légitime. On la considérait comme
une *pars bonorum* et non pas une *pars hereditatis;* elle
n'était pas due à l'enfant en qualité d'héritier, mais en
qualité d'enfant. Aussi l'enfant qui renonçait à la succession pouvait demander sa légitime ; c'était en France
la doctrine des pays de droit écrit (Toullier, V, n. 107).
C'est que dans ces pays comme à Rome, la volonté de
l'homme faisait les héritiers ; tandis que dans les pays
de coutume, c'était la loi ; la volonté de l'homme n'y
pouvait faire que des légataires et non des héritiers. La
réserve était donc inséparable de la qualité d'héritier.
Cependant, même sous le code sarde, la question était
gravement controversée.

Nous avons vu que quand il n'y avait aucune disposition testamentaire ou entre-vifs, en cas de succession *ab intestat*, les filles étaient exclues de la successsion de leur frère, de leur père, ou d'un autre ascendant même de la ligne paternelle, par leurs frères germains, et les descendants mâles de ceux-ci, et même à défaut, par leurs frères consanguins; les frères germains les excluaient aussi de la succession de leur mère.

C'était le privilège de l'agnation, qui avait lieu moyennant le paiement par les privilégiés de la légitime que les Const. royales appelaient dot congrue.

L'ordre successoral *ab intestat* régulier est à peu près le même que dans le Code français, si ce n'est que le père et la mère venant en concours avec des frères ou sœurs partagent par tête, sans qu'en aucun cas la portion qui leur est dévolue puisse être moindre du tiers de la succession. A leur défaut les autres ascendants venaient concourir dans les mêmes proportions. Dans le Code français l'ascendant autre que le père et la mère ne vient pas en concours avec les frères et sœurs du défunt. Mais le père et la mère partagent entre eux la moitié; et si l'un d'eux est seul survivant il ne prend que le quart. Dans le Code sarde le tiers est toujours le minimum.

L'enfant naturel, même reconnu, n'a droit qu'à des aliments lorsqu'il se trouve en présence d'enfants légitimes ou de descendants de ceux-ci. C'est là une différence profonde avec l'art. 757 du Code français où l'enfant naturel reconnu vient en concours avec les légitimes pour un tiers de la portion qu'il aurait eue s'il eût été légitime.

En présence d'ascendants du *de cujus*, l'enfant naturel succède au quart des biens ; dans le Code français il succède à la moitié. En présence de tous autres parents il succède à la moitié (951) : dans le Code français la quotité est la même vis-à-vis de frères ou sœurs du défunt, mais elle est des trois quarts en présence de tous autres parents.

La succession de l'enfant naturel est dévolue à peu près de la même façon que dans le Code français. Notons seulement que l'art. 956 attribue au conjoint survivant de l'enfant naturel décédé sans postérité, les deux tiers de la succession, l'autre tiers est dévolu aux père et mère qui l'ont reconnu.

Enfin l'époux survivant contre lequel il n'existe aucun jugement définitif de séparaton, a droit à l'usufruit du quart de la succession de son conjoint décédé sans testament, lorsque celui-ci n'a pas laissé plus de trois enfants ; s'il y en a un plus grand nombre, cet usufruit n'est que d'une part égale à celle de chacun des enfants. La propriété reste toujours acquise aux enfants légitimes nés du mariage, ou aux enfants du premier lit du conjoint prédécédé. L'usufruit cesse dans le cas où l'époux serait passé en secondes noces à l'époque où il existerait encore quelques-uns desdits enfants.

Si le conjoint prédécédé n'a pas laissé d'enfants légitimes, mais d'autres parents successibles ou des enfants naturels, l'époux survivant a droit à un quart de la succession en pleine propriété.

Dans les deux cas, le conjoint doit imputer sur sa part héréditaire les avantages résultant des conventions matrimoniales et des gains dotaux (art. 959-960).

Ce droit successoral tire son origine de la quarte du conjoint pauvre des lois romaines (1); mais cette dernière n'était accordée qu'à la femme, tandis que le code sarde ne fait pas de distinction.

Il faut remarquer que ce droit successoral peut être enlevé par testament, qu'il n'est pas dû en cas de séparation et de convol en secondes noces; et qu'enfin pour le calculer il faut déduire les avantages matrimoniaux et les gains dotaux, qui peuvent le remplacer; le droit successoral ne peut que les compléter jusqu'à due concurrence.

Dans le Code français où la femme n'a ni augment, ni douaire, ni gain dotal, le besoin d'une disposition analogue se fait vivement sentir. Un projet de loi adopté par le Sénat en 1877 sur la proposition de M. Delsol attribuait au conjoint survivant une part en usufruit, même en présence des héritiers les plus proches. L'avantage d'un droit en usufruit est de conserver au conjoint survivant son rang social, et en même temps de respecter les droits de la parenté, de ne pas faire passer définitivement les biens dans une famille étrangère. Les facultés de droit et les cours d'appel émirent un avis favorable; mais la Cour de cassation s'est montrée hostile (2). Déjà la loi du 14 juillet 1866 accordait au conjoint survivant la jouissance des droits d'auteur jusqu'à concurrence de

1. Nov. 53. ch. 6. — Nov. 117. ch. 5.
2. M. Beudant à son cours.

la quotité disponible ; celle de 1873 établit un droit de succession en faveur du conjoint d'un déporté, pour constituer des familles dans les colonies pénitentiaires.

Quoique l'époque de l'annexion commence à s'éloigner de nous, et à approcher de la trentenaire, maintes fois les tribunaux des pays annexés ont encore à appliquer ces lois pour des successions ouvertes avant 1860 et demeurées indivises, ou du moins dans un simple état de division, de prise de possession de fait par les héritiers. Il nous est impossible d'entrer dans plus de détails sur la loi successorale du code Albertin et des constitutions royales. Nous n'avons pu que donner des aperçus généraux, et nous renvoyons aux textes pour les détails (1).

Cette situation peut durer longtemps encore, et cela en vertu même des dispositions des art. 789-790 de notre code (1004-1005 c. s.). Quelle est la situation, après 30 ans, de l'héritier qui n'a pris aucun parti, qui n'a ni accepté ni répudié ? (Les droits que des tiers auraient acquis par prescription sont sauvegardés, bien entendu).

On sait la difficulté désespérante de cette question et les huit ou neuf systèmes auxquels elle a donné lieu. Quelque solution que l'on adopte, il ressort de toutes, qu'après un temps considérable, 30, 40 ans après l'ouverture d'une succession, les tribunaux peuvent avoir à se prononcer soit sur la dévolution de cette succession,

---

1. V. arrêts de la cour de Chambéry, du 6 juillet 1861, dans le *Journal des Cours impériales de Grenoble et Chambéry*, 1861, p. 280. — Sur cet arrêt, Cassation, 3 août 1863 ; *eod. loco.* 63, p. 385. — Chambéry, 21 av. 63-18 juin 62 : même journal, 1863, p. 160 ; 26 août et 16 avril 1863, p. 277 ; 2 février 1864, p. 30 ; 8 juillet 1866, p. 181.

soit sur son partage ; et alors ils doivent se reporter aux lois en vigueur au moment de l'ouverture. L'Etat ne peut pas toujours s'emparer des successions vacantes, ou jacentes, parce qu'elles ne sont pas toujours en déshérence. Il peut y avoir des héritiers connus qui restent dans l'inaction. Puis les héritiers comme l'Etat peuvent ignorer l'ouverture de la succession.

Le décret-loi du 22 août 1860, art. 4, dispose que les testaments déposés dans les archives des cours et tribunaux y seront conservés si les testateurs ne jugent à propos de les retirer avant leur décès.

L'ouverture aura lieu, le cas échéant, conformément à l'art. 1007 C. Nap. Les formes édictées pour les testaments mystiques seront appliquées aux testaments secrets des art. 758 et suiv. du code sarde, et le magistrat ordonnera le dépôt du testament qu'il aura ouvert dans l'étude d'un notaire qu'il désignera. Il n'y avait pas de testament olographe. Le testament secret correspondait à notre testament mystique. En théorie la règle de la forme des testaments est celle qui régit le testateur à son décès. Les testaments faits avant 1860 par des personnes qui ne sont décédées qu'après cette date, auraient dû être refaits suivant la loi française (1).

Le décret du 22 août, en dérogeant à cette règle, est venu tempérer ce qu'elle aurait eu parfois de trop rigoureux, a réglé la situation au mieux des intérêts engagés (2).

1. M. Selosse, p. 368.
2. V. jugement du tribun. Chambéry, 19 fév. 62. *Journal des cours*, 62, p. 52 ; note de M. Eyssautier.

Relativement aux donations entre-vifs, le décret, dans son article 3, contient une disposition remarquable : « Les donations établies par contrat régulier et sans fraude seront, quant à la révocabilité et à la *réduction*, régies par la loi sous l'empire de laquelle elles ont été constituées ».

Les lois sur les successions, la capacité de succéder, la quotité disponible, sont d'ordre public. En cas de changement de législation on applique toujours la loi en vigueur au moment de l'ouverture de la succession.

La quotitité disponible ne peut se fixer qu'à ce moment. Or la réduction est la conséquence nécessaire, la sanction des lois sur la quotité disponible, la garantie de la réserve, et le décret décide que pour la réduction des donations on suivra la loi en vigueur au moment où ces donations ont été faites

Il y a là assurément une dérogation grave aux principes. Aussi les tribunaux hésitent à appliquer le décret.

On ne pourrait pas dire qu'il ne s'agit dans le décret que de la manière d'opérer la réduction de sa forme ; en ces matières la forme et le fond sont confondus (art. 920-921).

« La faculté d'agir en réduction, dit M. Colmet de Santerre (1), est une conséquence nécessaire du droit à la « réserve, droit véritablement illusoire, s'il était privé de « cette garantie ».

Le tribunal de Chambéry, par un jugement du 3 juillet 1862 va jusqu'à considérer l'art. 2 du décret comme

1, T. IV, 59 *bis*, VII.

une application du droit commun, et décide sans hési-
ter que toute donation, faite avant la promulgation
des lois françaises en Savoie, est régie par la loi sarde,
et que la quotité disponible doit être calculée suivant cette
dernière loi. « Attendu, dit-il, quant à la réduction, que
la donation entre-vifs est un acte parfait et exécuté au
moment de sa confection et de son acceptation, puisque
à cet instant même le donateur est irrévocablement
dépouillé, et le donataire saisi de la propriété des choses données. Attendu qu'il résulte de cette irrévocabilité
que la donation ne doit être régie que par la loi en vigueur
au moment où elle a été faite ; qu'elle ne doit être en conséquence, soumise au retranchement que jusqu'à concurrence de la portion légitimaire qui se trouvait fixée
par cette loi, et non jusqu'à concurrence de la portion
plus considérable fixée à titre de réserve, par la loi du décès du donateur; Attendu qu'autrement elle se trouverait
révoquée en partie, c'est-à-dire pour l'excédant de la réserve sur la légitime ; — Attendu que la loi nouvelle qui
opérerait cette réduction, aurait un effet rétroactif (1) ».

C'est surtout entre le traité de cession du 24 mars
1860, et la mise en vigueur des lois françaises, que plusieurs pères de famille ont cherché à soustraire leur succession aux lois du partage égal, en faisant en faveur de
leurs enfants mâles des donations destinées à leur assurer la part disponible de la loi sarde, bien plus étendue
que celle de la loi française.

La validité de ces donations aurait pu paraître douteuse

1. *Journal Cour de Chambéry*, 62, p. 207.

sans le décret ; mais au vu de cette disposition le tribunal n'hésite pas à les valider. La jurisprudence et les auteurs considèrent cette application comme résultant d'un principe.

Le rapport qui précède le décret ne laisse du reste aucun doute sur l'esprit de l'article : « Il faut qu'une sanction formelle soit donnée aux droits acquis... Il faut que des dispositions précises épargnent aux pays devenus français les longs et difficiles procès dont en France a été marquée l'inauguration du code civil. »

M. Eyssautier dans une excellente note sur le jugement précité, commente l'art. 12 du décret, et ajoute : « Si un doute existe, est-il possible, en présence de ce rapport, de ne pas l'interpréter en faveur du maintien de la donation ? .... Le législateur a voulu rendre moins brusque la transition d'un régime à l'autre, étendre plutôt que restreindre les principes du droit commun ; enfin on multiplierait les procès, dont la solution serait fort délicate pour le juge qui aurait à discerner si la donation a eu oui ou non pour but d'éluder la loi française. Il n'est pas une seule donation faite depuis l'annexion jusqu'au décret du 22 avril qui ne devint l'objet d'un procès. »

Le tribunal de St-Jean-de-Maurienne, par un jugement du 25 octobre 1889, semble ne point adopter cette théorie. Il est vrai que l'espèce était un peu différente, et présentait les difficultés les plus graves. Il s'agissait d'une donation faite en avancement d'hoirie en faveur d'un enfant mâle ; mais il y avait stipulation d'égalité entre les trois enfants mâles, et il y était dit que si la donation surpassait la quotité disponible elle serait réduite. Plusieurs filles venaient à la succession.

La donation était assurément rapportable vis-à-vis des garçons, mais l'était-elle vis-à-vis des filles ? L'auteur de cette dissertation a soutenu la négative devant le tribunal en se basant surtout sur cette idée que sous la législation sarde les filles n'étaient pas héritières ; or, on ne rapporte qu'à un cohéritier. Le tribunal a décidé, en principe, que la donation était rapportable vis-à-vis des filles ; elles n'ont pu, dans l'espèce, en bénéficier pour d'autres causes. Que si l'on avait décidé que la donation n'était pas rapportable pour les filles, il aurait encore fallu résoudre la question de savoir si les deux garçons non donataires avaient droit au rapport à concurrence d'un tiers ou seulement à concurrence de leur part héréditaire. Comme dans l'espèce les filles avaient renoncé à la donation, le tribunal décida que leur part accroîtrait au donataire seul. Il aurait probablement donné la même décision s'il avait refusé, en principe, le rapport vis-à-vis des filles. Tout cela est bien loin du texte de l'art. 2 du décret et surtout de son esprit essentiellement favorable au maintien des volontés du donateur.

L'art. 5 du décret du 22 août 1860 règle ce qui concerne les *substitutions* ; il est ainsi conçu : « Les actes contenant des *dispositions à charge de rendre* seront transcrits avant le 1er juillet 1861, conformément à l'art. 1069 du Code Nap. En cas de contravention, les art. 1070 et suiv. du même code, recevront leur application. Quant aux substitutions établies contrairement à la loi française, elles seront maintenues au profit de tous les appelés nés ou conçus lors de la promulgation du présent décret. Lorsqu'une substitution sera recueillie par un ou plusieurs des appelés dont il vient d'être parlé, elle profitera à tous les autres appelés, quelle que soit l'époque ou leur existence aura commencé (L. du 7 mai 1849, art. 9). » Cet article soumet d'abord à la formalité de la transcription les substitutions faites sous l'empire de la législation sarde et qui seraient les mêmes que celles qui sont permises par les art. 1048 et 1049 du Code français. Ce sont évidemment ces dispositions que le décret avait en vue, puisqu'il renvoie aux articles du Code français qui les soumet à des formalités.

Il semble laisser de côté les majorats prévus dans l'art. 879 du Code Albertin (2e alinéa) et réglés par les édits du 5 décembre 1817 et 14 octobre 1837. Il n'est pas question dans ces édits des majorats prévus dans le 3e alinéa de notre art. 896, c'est-à-dire des donations héréditaires faites par le souverain avec des biens de l'Etat. En France, la loi du 12 mai 1835, qui interdit les majorats pour l'avenir, décide, dans son article 4, que les majorats créés par l'Etat continueront à être possédés et transmis conformément aux actes d'investiture. Cette loi est encore en vigueur et les majorats de son art. 4 continuent d'exister. Nous n'hésitons pas à appliquer cet art. aux majorats de même nature qui auraient été créés en Savoie ou à Nice avant 1860. Quant aux majorats créés par des particuliers avec des biens particuliers en vertu des édits précités, nous déciderons par analogie qu'ils seront soumis aux dispositions des art. 1 à 7 de la loi du 7 mai 1849, 3 de la loi du 12 mai 1835, qui pré-

voient l'extinction de cette nature de majorats abolis
pour l'avenir.

Les substitutions contraires à la loi française sont
régies par le deuxième alinéa de l'art. 5 du décret de
1860, disposition analogue à l'art. 9 de la loi du 7 mai
1849, portant abolition en France des substitutions qu'a-
vait rétablies la loi du 17 mai 1826. Ces substitutions
sont celles permises par les articles 874 et 878 du Code
albertin. L'ascendant paternel (et lui seul, en vertu de
la puissance paternelle), dont les enfants ou descendants
ne devaient pas retomber sous la puissance d'un autre
ascendant, pouvait, en les instituant héritiers ou légataires, leur substituer d'autres personnes, même étrangères. On peut substituer plusieurs personnes à une
seule, ou une seule personne à plusieurs. La substitution
sera sans effet si l'enfant décède après seize ans accomplis, ou même si étant décédé avant cet âge il a laissé
des enfants légitimes, même posthumes. On voit que ce
genre de substitution en tant qu'il s'adresse à d'autres
qu'à tous les petits-enfants du disposant, est contraire
à notre article 1048, et tombe sous l'article 5 du décret
de 1860.

Les substitutions non contraires à la loi française,
contenues dans une donation entre-vifs, ou dans un testament fait par une personne décédée avant 1860, sont régies par la loi ancienne. Mais je ne trouve pas dans le
chapitre des substitutions du Code albertin que les
substitutions de notre art. 1049, c'est-à-dire celles qu'un
oncle ou une tante feraient en faveur de leurs neveux
et nièces, soient permises.

Il faudrait donc les annuler comme contraires à la loi sarde, art. 879, qui prohibe toute substitution qu'elle n'a pas expressément permise.

Mais l'institution d'héritier ou le legs renfermant une semblable substitution ne seraient pas annulés en entier, sous prétexte qu'ils contiennent une disposition prohibée; l'art. 880, à l'opposé de notre article 896, deuxième alinéa ne prononce pas cette nullité entière.

CHAPITRE IV

OBLIGATIONS, MOYENS DE PREUVE, HYPOTHÈQUES, PROPRIÉTÉ, SERVITUDES, PRESCRIPTION.

Les obligations du droit sarde, comme celles du droit français, tirent leur origine du droit romain, et sont identiques. En toute hypothèse, pour quelques différences de détail, on applique la règle : *locus regit actum*.

Les moyens de preuve des droits personnels ou réels, les actes écrits, authentiques ou privés constatant leur existence, seront toujours soumis à la loi du temps et du lieu où ils sont intervenus.

Nous avons vu quels actes devaient être authentiques sous la législation sarde.

La preuve testimoniale n'était pas reçue pour toutes choses excédant la valeur de 300 livres (art. 1454).

Les petits contrats, le système hypothécaire du Code Albertin, sont presque calqués sur le Code français. Les différences ne portent que sur quelques questions de détail, surtout sur des questions de délais et de prescriptions qui aujourd'hui perdent de leur importance. Il faudra dans tous les cas, pour juger de la validité d'une vente, d'un louage, d'une rente, etc., se reporter à la loi en vigueur au moment où le contrat a été passé, et quant aux délais, tenir rigoureusement compte des droits acquis.

Les hypothèques légales des femmes et des mineurs étaient soumises à l'inscription. Nous avons eu l'occasion d'en parler plus haut.

Le régime de la propriété, et de ses démembrements, comme celui des obligations, tire son origine des lois romaines. C'est là un point commun avec le droit français et la plupart des législations européennes ; les différences de détail sont peu sensibles. A propos de la distinction des meubles et des immeubles, nous trouvons dans le Code sarde deux catégories d'immeubles que le Code français ne signale pas : les droits des propriétaires directs et utiles sur les fonds concédés à titre d'emphytéose ; et les offices ministériels de procureur (avoué), greffier, huissier. Le Code français est muet sur l'emphytéose ; on se demande si son silence n'équivaut pas à une prohibition ; la question est vivement controversée. En droit sarde l'emphythéose était permise ; mais sa nature n'en était pas moins très controversée, parce que d'une part l'art. 1718 réputait bail toute concession temporaire d'immeubles, moyennant la prestation d'une redevance annuelle, à quelque titre qu'elle fût faite...Cette concession ne transférait aucun domaine. D'autre part l'art. 1941 soumettait aux règles de la vente ou des donations toute concession faite à titre onéreux ou gratuit, sous une dénomination quelconque comme d'emphytéose, albergement ou autres semblables, de sorte qu'un bail emphytéotique fait à perpétuité sous l'empire du Code Albertin, n'était comme dans notre droit qu'une simple vente moyennant une rente foncière. Mais l'art. 1720 permettait de stipuler pour plus de 30 ans (durée maxima des baux ordinaires) sans jamais excéder 100 ans (ce serait alors une vente), des baux de terrains en friche et absolument incultes, sous la condition de les défricher et de les mettre en culture. Il est probable que c'est cet art. qui organise l'emphytéose prévue par l'art. 405. Il y a en effet un long terme, une redevennce annuelle ou canon emphytéotique, et la condition d'améliorer.

De tels baux se pratiquent et continuent d'exister sous l'empire de notre Code. Sous l'ancienne législation du duché de Savoie, on comprenait sous le mot général d'albergements, l'emphytéose, la rente foncière ou bail à rente, ou toute autre concession d'immeubles. Les Lettres-patentes du 6 décembre 1837 les laissent sous l'empire des lois antérieures, en les soumettant néanmoins au rachat. Nous pensons que ces albergements ont pu continuer d'exister sous la loi française suivant les règles de l'ancienne législation en se soumettant bien entendu aux règles de rachat de notre législation ; règles qui sont d'ordre public. En effet les décrets des 4 août 1789 et 18 décembre 1790 ont réglé dans le même sens la situation ancienne ; nous n'avons qu'à en appliquer le texte ainsi conçu : « Sans préjudice des baux à rente ou emphytéoses non perpétuels qui seront exécutés pour leur durée. »

La propriété immobilière est régie par la loi française, dit le § 2 de l'art. 3 du Code civil ; c'est là une règle d'ordre public ; mais il faut faire une distinction pour appliquer sainement cet article.

L'art. 3 a en vue l'immeuble considéré en lui-même, abstraction faite des droits privés. C'est-à-dire dans ses rapports exclusifs avec le droit public organisant la propriété foncière, le régime du territoire national.

C'est l'immeuble considéré comme un élément de souveraineté territoriale de l'État et non comme susceptible d'appropriation privée. (1)

« Les lois qui se rapportent aux choses, dit M. Fiore (2), doivent se diviser en deux catégories. Quelques-unes servent à conserver le principe politique et constitutionnel de l'État et l'organisation générale de la propriété; d'autres pourvoient à l'intérêt privé du propriétaire. » Ainsi les premières prohiberaient les fiefs, les censives, les rentes foncières, les substitutions, les dispositions des lois anciennes ou des conventions qui seraient contraires à la division en meubles et immeubles, en choses *in commercio et extra commercium*, etc., tandis que les secondes fléchissent devant les droits acquis en vertu de lois ou conventions anciennes. Tous les titres anciens de cette seconde nature concernant les propriétés privées recevront leur exécution. Quant à la loi sarde, nous l'avons dit, elle diffère très peu de la loi française en ce qui concerne la propriété ; les conflits ne sont pas à craindre.

Les mêmes principes sont applicables aux servitudes, qui ne sont que des démembrements du droit de propriété. Les deux codes (art. 638 fr. 549 sarde), prohibent toute hiérarchie foncière. Cependant l'art. 634 du Code sarde permet d'imposer à un fonds un droit utile ou agréable en faveur d'une personne simplement, et non pour l'utilité d'un autre fonds ; mais ce droit n'est que viager,

1. M. Weiss, p. 550, (2) *op. cit.*, p. 329.

ne peut être considéré comme une véritable servitude prohibée par nos art. 637 et 686 et pourrait, à notre avis, être conservé sous la loi française.

L'art. 649 admettait la prescription acquisitive par 30 ans des servitudes de passage, pourvu que le passage ne pût être considéré comme abusif. Il était réputé tel quand il existait un autre passage suffisant pour le service du fonds. Cette disposition a une grande importance ; notre article 691 ne permet pas d'attaquer aujourd'hui les servitudes déjà acquises par la possession, dans les pays où elles pouvaient s'acquérir de cette maniere. A défaut d'une disposition formelle, les principes généraux auraient suffi à établir une pareille règle.

Un partage, une vente, un échange qui auraient divisé un fonds avant le code de 1837, et qui auraient ainsi produit une enclave, sans rien stipuler quant aux servitudes, laisseraient encore aujourd'hui au propriétaire enclavé le droit de réclamer un passage sur d'autres fonds voisins si le trajet est plus court, parce que les lois romaines qui étaient alors en vigueur ne connaissaient pas la destination du père de famille, et les dispositions des art. 684 c. f., et 619, c. s. (1). Le code sarde dans son art. 657 avait évité les difficultés que soulève notre art. 694 en n'appliquant la destination du père de famille qu'aux servitudes continues et apparentes.

Le droit ou la servitude légale d'aqueduc a été établi par les art. 622 à 633 du code Albertin, qui contenait une série de dispositions très remarquables et très complètes

1. C. Chambéry, 22 fév. 64, p. 57.

sur le régime des eaux ; le cadre restreint de ce travail ne nous permet pas d'en aborder l'étude. Disons seulement que le principe de cette législation se trouve dans un décret de 1584 de Charles-Emmanuel, et fut amélioré par les constitutions de 1729 et 1770. En France nous trouvons sur cette matière des dispositions éparses dans les lois des 29 avril 1845, 11 juillet 1847 sur les irrigations ; 10 juin 1854 sur le drainage, et 16 septembre 1807 sur le dessèchement des marais.

Un édit de 1678 (16 déc.), confirmé par l'art. 420 du code, faisait dépendre du domaine royale tous les fleuves, rivières, torrents ; l'art. 538 du Code Nap. n'a considéré comme dépendances du domaine public, que les fleuves et rivières navigables et flottables. Les biens du domaine royal étaient imprescriptibles en vertu de l'édit du 27 avril 1845. L'Etat concédait par albergement l'usage des eaux destinées à l'irrigation.

Ces droits réservés de l'État ne pouvaient être prescrits ; et si le concessionnaire avait laissé prescrire les siens, l'Etat pouvait toujours, en vertu de son droit de rachat, (roy. const. liv. 6, t. 2 §16), rétablir l'imprescriptibilité entière et faire une nouvelle concession dans l'intérêt de l'agriculture. L'annexion à la France en 1860 n'a pas indistinctement soumis à la législation nouvelle tous les cours d'eau ; les droits acquis doivent être respectés, et les concessions du gouvernement antérieur maintenues. (1) « Cela n'est pas contestable », dit le commentateur de l'arrêt qui consacre cette doctrine, « les droits

1. Chambéry, 22 février 1864. J. p. 68.

sur les cours d'eau, nés de la féodalité, sont tous les jours consacrés par les décisions des tribunaux ; nos lois nouvelles les ont respectés. »

Le code sarde ne parle pas de la prescription acquisitive de 10 à 20 ans ; il n'y avait donc sous son empire que la prescription de 30 ans, à l'exception bien entendu de quelques prescriptions particulières.

La prescription est une institution d'ordre public(1). On pourrait donc soutenir que les prescriptions commencées au moment de l'application de la loi nouvelle seront régies par cette loi, puisque dans ce cas il n'y a pas eu droit acquis ; néanmoins la décision transitoire de l'art. 2281 a admis le contraire, et les tribunaux en font l'application en cas de changement de législation par l'annexion.

1. Laurent, t. VIII, p. 332.

CONCLUSION

Arrivé aux termes de ce travail, nous avons pu nous
convaincre que la solution de toutes les difficultés que
soulève un changement de législation par suite d'une annexion de territoire, réside essentiellement dans la con-
ciliation de ces deux idées : respect des droits acquis aux
pays annexés et à leurs habitants d'une part ; maintien
des lois d'ordre public de l'État annexant de l'autre.

En ce qui concerne spécialement l'annexion de la Savoie
et de Nice, les conflits de législations sont de plus en plus
rares au fur et à mesure que l'époque de l'annexion s'é-
loigne ; la prescription de trente ans contribuera à étein-
dre les prétentions encore fondées, à consolider les situations qui se sont créées. Néanmoins les droits acquis, les
conventions anciennes, non modifiées depuis, feront toujours la loi des parties ; on voit encore aujourd'hui les
tribunaux obligés d'appliquer dans certains cas la législation de l'ancienne France. Nous ne saurions mieux terminer qu'en rappelant l'esprit large dans lequel a été
conçue, en 1860, l'application des lois nouvelles à un
pays dont la législation, du reste, différait si peu de la
législation française ; ces idées sont clairement exprimées
dans le rapport qui précède le décret du 22 août 1860
que nous avons cité et auquel nous renvoyons. Mais, hâ-

tons-nous de le dire, les questions qui peuvent encore se soulever sont de pur intérêt privé, semblables à celles qui ont marqué l'inauguration du Code civil, et de la compétence exclusive du pouvoir judiciaire. Notre but n'a été que de donner quelques indications utiles aux praticiens de la Savoie et de Nice, tout en essayant de dégager quelques principes généraux de droit international.

TABLE DES MATIÈRES

Paris. — Imprimerie de la Faculté de Médecine, Henri JOUVE, 15, rue Racine.

www.ingramcontent.com/pod-product-compliance
Lightning Source LLC
Chambersburg PA
CBHW071539030726
47598CB00001B/166